Steffen Salutzki

Medizinisches Versorgungszentrum (MVZ) in Krise und Insolvenz

Salutzki, Steffen: Medizinisches Versorgungszentrum (MVZ) in Krise und Insolvenz.
Hamburg, Bachelor + Master Publishing 2015
Originaltitel der Abschlussarbeit: Medizinisches Versorgungszentrum (MVZ) in Krise und
Insolvenz

Buch-ISBN: 978-3-95820-345-7
PDF-eBook-ISBN: 978-3-95820-845-2
Druck/Herstellung: Bachelor + Master Publishing, Hamburg, 2015
Coverbild: pixabay.com
Zugl. Hochschule für Wirtschaft und Umwelt Nürtingen-Geislingen, Geislingen,
Deutschland, Masterarbeit, Juli 2011

Bibliografische Information der Deutschen Nationalbibliothek:
Die Deutsche Nationalbibliothek verzeichnet diese Publikation in der Deutschen
Nationalbibliografie; detaillierte bibliografische Daten sind im Internet über
http://dnb.d-nb.de abrufbar.

Das Werk einschließlich aller seiner Teile ist urheberrechtlich geschützt. Jede Verwertung
außerhalb der Grenzen des Urheberrechtsgesetzes ist ohne Zustimmung des Verlages
unzulässig und strafbar. Dies gilt insbesondere für Vervielfältigungen, Übersetzungen,
Mikroverfilmungen und die Einspeicherung und Bearbeitung in elektronischen Systemen.

Die Wiedergabe von Gebrauchsnamen, Handelsnamen, Warenbezeichnungen usw. in
diesem Werk berechtigt auch ohne besondere Kennzeichnung nicht zu der Annahme,
dass solche Namen im Sinne der Warenzeichen- und Markenschutz-Gesetzgebung als frei
zu betrachten wären und daher von jedermann benutzt werden dürften.

Die Informationen in diesem Werk wurden mit Sorgfalt erarbeitet. Dennoch können
Fehler nicht vollständig ausgeschlossen werden und die Diplomica Verlag GmbH, die
Autoren oder Übersetzer übernehmen keine juristische Verantwortung oder irgendeine
Haftung für evtl. verbliebene fehlerhafte Angaben und deren Folgen.

Alle Rechte vorbehalten

© Bachelor + Master Publishing, Imprint der Diplomica Verlag GmbH
Hermannstal 119k, 22119 Hamburg
http://www.diplomica-verlag.de, Hamburg 2015
Printed in Germany

INHALTSVERZEICHNIS

Abkürzungsverzeichnis

Erster Teil

Einführung in die Problematik und Ziel der Untersuchung

A.	Untersuchungsgegenstand	1
B.	Untersuchungsziel	1
C.	Gang der Untersuchung	2

Zweiter Teil

Medizinisches Versorgungszentrum in Krise und Insolvenz

A.	MVZ – Leistungserbringer des SGB V		3
	I.	Sachleistungsprinzip als Ausgangpunkt für die Entstehung von Medizinischen Versorgungszentren	3
	II.	Einordnung des MVZ in das System sozialrechtlicher Leistungserbringung	4
		I. Begriffsbestimmung	4
		II. Gründung, Organisation und Zulassung des MVZ	6
		III. Entwicklung	9
B.	Relevante Krisenursachen		9
	I.	Einleitung	9
	II.	Zum Begriff der Unternehmenskrise	11
	III.	Ursachen für die Krise eines MVZ	12
		1. Originäre Managementfehler	12

		2.	Übernahme von Vertragsarztsitzen	13
		3.	Vernachlässigung der vertragsärztlichen Fortbildungspflicht	15
		4.	Regressforderungen infolge von Wirtschaftlichkeits- und Plausibilitätsprüfungen	16
		5.	Auswirkungen des geplanten Versorgungsstrukturgesetzes	16
		6.	Sonstige Krisenursachen	18
	IV.	Stellungnahme		18
C.	**Ablauf eines Insolvenzverfahrens**			**19**
	I.	Eröffnungsvoraussetzungen		19
		1.	Insolvenzfähigkeit	19
		2.	Insolvenzgrund	20
		3.	Insolvenzantrag	22
	II.	Verfahrensarten		23
		1.	Abgrenzung zwischen den Verfahren	23
		2.	Das für den MVZ-Träger zutreffende Verfahren	24
		3.	Vor- und Nachteile der jeweiligen Verfahrensart für den insolventen MVZ-Träger	25
	III.	Verfahren bis Insolvenzeröffnung		27
		1.	Anordnung von Sicherungsmaßnahmen	27
		2.	Maßnahmen des vorläufigen Insolvenzverwalters	28
		3.	Entscheidung über den Antrag	29
	IV.	Verfahren ab Insolvenzeröffnung		29
		1.	Verfahrensbeteiligte	29
		2.	Maßnahmen des Insolvenzverwalters	30
	V.	Beendigung des Insolvenzverfahrens		31
	VI.	Eigenverwaltung		31
		1.	Einleitung	31
		2.	Vorteile der MVZ-Insolvenz in Eigenverwaltung	32
		3.	Nachteile der MVZ-Insolvenz in Eigenverwaltung	32
		4.	Stellungnahme	33
	VII.	Insolvenzplanverfahren		35
	VIII.	Restschuldbefreiungsverfahren		37

D.	Massezugehörigkeit der sozialversicherungsrechtlichen Zulassung			37
	I.	Einführung		37
	II.	Meinungsstand		38
		1.	Auffassung in der Literatur	38
		2.	Stand der Rechtsprechung	39
			a) Landessozialgericht Nordrhein-Westfalen	39
			b) Bundessozialgericht	41
	III.	Insolvenzrechtliche Begründung		42
	IV.	Zwischenfeststellung		42
	V.	Schicksal der MVZ-Zulassung bei Insolvenzeröffnung		44
		1.	Zulassungsentzug und -beendigung	44
			a) Zulassungsentzug gemäß § 95 VI 1 SGB V	44
			b) Zulassungsentzug gemäß § 95 VI 3 SGB V	47
			c) Zulassungsbeendigung gemäß § 95 VII 2 SGB V	48
			d) Zwischenfeststellung	49
		2.	Ausschreibungsrecht des Insolvenzverwalters gemäß § 103 IV 1 SGB V	49
			a) Ausschreibungsrecht bei Angestellten-MVZ	51
			b) Ausschreibungsrecht bei Vertragsarzt-MVZ	53
			c) Ausschreibungsrecht bei Kombinationsmodell	54
			d) Schlussbetrachtung	54
E.	Massezugehörigkeit der Praxis(ausstattung)			54
	I.	Massezugehörigkeit der Praxis		54
		1.	Massezugehörigkeit der Arztpraxis	55
		2.	Massezugehörigkeit der MVZ-Einrichtung	57
		3.	Zwischenergebnis	58
	II.	Massezugehörigkeit einzelner Praxisgegenstände		58
		1.	Personeller Anwendungsbereich des § 811 I Nrn. 5, 7 ZPO	59
		2.	Sachlicher Anwendungsbereich des § 811 I Nrn. 5, 7 ZPO	61
		3.	Zwischenfeststellung	61

		4.	Geltung des § 811 I Nrn. 5, 7 ZPO im Insolvenzverfahren	61
			a) Vollstreckungsschutz unter Geltung der Konkursordnung	62
			b) Anwendung des § 811 I Nrn. 5, 7 ZPO über § 36 InsO	62
			c) Zwischenergebnis	62
		5.	Teleologische Reduktion des § 36 InsO	63
	III.	Ergebnis		65

F. Massezugehörigkeit von Honorarforderungen ... 65

	I.	Honorarforderungen aus privatärztlicher Tätigkeit		65
		1.	Privatärztliche Abrechnung der MVZ-GmbH	65
		2.	Entstehung des privatärztlichen Honoraranspruchs	66
		3.	Insolvenzbeschlag	67
		4.	Honorarforderungen als Bestandteil der Insolvenzmasse	67
		5.	Pfändbarkeit privatärztlicher Honorarforderungen	69
			a) Problemaufriss	69
			b) Einschränkung der Übertragbarkeit von privatärztlichen Honorarforderungen	69
			aa) Einschränkung der Abtretbarkeit	69
			bb) Einschränkung der Pfändbarkeit	73
			c) Stellungnahme	79
		6.	Ergebnis	82
	II.	Honorarforderungen aus vertragsärztlicher Tätigkeit		83
		1.	Entstehung des vertragsärztlichen Vergütungsanspruchs	83
		2.	Abtretbarkeit und Pfändbarkeit des vertragsärztlichen Vergütungsanspruchs	83
		3.	Zur Anwendung des § 114 InsO auf vertragsärztliche Vergütungsansprüche des MVZ	84
		4.	Ergebnis	86

G. Ausblick: Auswirkungen auf die MVZ-Insolvenz durch das ESUG ... 86

	I.	Eigenverwaltung	86
	II.	Einfluss der Gläubiger auf die Auswahl des Insolvenzverwalters	87

III.	Schutzschirmverfahren	87
IV.	Debt-Equity-Swap	88

Dritter Teil

Zusammenfassende Thesen

A.	....	89
B.	....	89
C.	....	89
D.	....	89
E.	....	90
F.	....	90
G.	....	90

Literaturverzeichnis	91
Verzeichnis amtlicher Schriften	106

Abkürzungsverzeichnis

a.A.	anderer Ansicht
a.a.O.	am angegebenen Ort
abl.	ablehnend
ABl.	Amtsblatt der Europäischen Union
Abs.	Absatz
abw.	abweichend
Abschn.	Abschnitt
AcP	Archiv für die civilistische Praxis
a.E.	am Ende
AEUV	Vertrag über die Arbeitsweise der Europäischen Union
ÄAppO	Approbationsordnung für Ärzte
a.F.	alte Fassung
AG	Amtsgericht
AGB	Allgemeine Geschäftsbedingungen
AiP	Arzt im Praktikum
AktG	Aktiengesetz
allg.	allgemein
Alt.	Alternative
AO	Abgabenordnung
AOK	Allgemeine Ortskrankenkasse
Art.	Artikel
Ärzte-ZV	Zulassungsordnung für Vertragsärzte
Aufl.	Auflage
Az.	Aktenzeichen
BAG	Bundesarbeitsgericht
BAGE	Sammlung der Entscheidungen des Bundesarbeitsgerichts
BAnz.	Bundesanzeiger
BÄO	Bundesärzteordnung
BayObLG	Bayerisches Oberstes Landesgericht
BayVerfGH	Bayerischer Verfassungsgerichtshof

BB	Betriebsberater, Zeitschrift
BDSG	Bundesdatenschutzgesetz
BedarfsplRl-Ä	Bedarfsplanungs-Richtlinie Ärzte
Beschl.	Beschluss
betr.	betreffend
BGB	Bürgerliches Gesetzbuch
BGBl.	Bundesgesetzblatt
BGH	Bundesgerichtshof
BGHZ	Sammlung der Entscheidungen des Bundesgerichtshofs in Zivilsachen
BKK	Betriebskrankenkasse
BMG	Bundesministerium für Gesundheit
BMV-Ä	Bundesmantelvertrag der Ärzte
BNotO	Bundesnotarordnung
BRAK	Bundesrechtsanwaltskammer
BRAO	Bundesrechtsanwaltsordnung
bspw.	beispielsweise
BSG	Bundessozialgericht
BSGE	Sammlung der Entscheidungen des Bundessozialgerichts
BTÄO	Bundestierärzteordnung
BT-Drucks.	Bundestagsdrucksache
Buchst.	Buchstabe
BVerfG	Bundesverfassungsgericht
BVerfGE	Sammlung der Entscheidungen des BVerfG
BVerwG	Bundesverwaltungsgericht
BVerwGE	Sammlung der Entscheidungen des BVerwG
bzw.	beziehungsweise
ca.	zirka
d.	der, die, das
DB	Der Betrieb (Zeitschrift)
d.h.	das heißt

Diss.	Dissertation
DZWIR	Deutsche Zeitschrift für Wirtschafts- und Insolvenzrecht (Zeitschrift)
EBM	Einheitlicher Bewertungsmaßstab
EGInsO	Einführungsgesetz zur Insolvenzordnung
Einf.	Einführung
Einl.	Einleitung
EStG	Einkommensteuergesetz
et al.	und andere
EU	Europäische Union
EuGH	Europäischer Gerichtshof
EUR	Euro
e.V.	eingetragener Verein
f.	folgend
FamRZ	Zeitschrift für das gesamte Familienrecht (Zeitschrift)
ff.	folgende
FMStG	Finanzmarktstabilisierungsgesetz
Fn.	Fußnote
FS	Festschrift
G.	Gesetz
G-BA	Gemeinsamer Bundesausschuss
GbR	Gesellschaft bürgerlichen Rechts
geänd.	geändert
gem.	gemäß
GemS-OGB	Gemeinsamer Senat der Obersten Gerichtshöfe des Bundes
GG	Grundgesetz
GKV	Gesetzliche Krankenversicherung
GKV-NOG	Neuordnungsgesetz zum Recht der gesetzlichen Krankenversicherung

GKV-OrgWG	Gesetz zur Weiterentwicklung der Organisationsstrukturen in der gesetzlichen Krankenversicherung
GKV-WSG	Gesetz zur Stärkung des Wettbewerbs in der gesetzlichen Krankenversicherung
GmbH	Gesellschaft mit beschränkter Haftung
GmbHG	Gesetz betreffend die Gesellschaften mit beschränkter Haftung
GMG	GKV-Modernisierungsgesetz
GOÄ	Gebührenordnung für Ärzte
GOZ	Gebührenordnung der Zahnärzte
GRG	Gesundheitsreformgesetz
GSG	Gesundheitsstrukturgesetz
h.A.	herrschende Ansicht
HambKomm	Hamburger Kommentar
HandwO	Handwerksordnung
HeilPrG	Heilpraktikergesetz
HGB	Handelsgesetzbuch
h.M.	herrschende Meinung
Hrsg.	Herausgeber
HS	Halbsatz
i.d.F.	in der Fassung
IDW	Institut der Wirtschaftsprüfer in Deutschland e.V.
IDW S 6	IDW Standard: Anforderungen an die Erstellung von Sanierungskonzepten
IfSG	Infektionsschutzgesetz
IGeL	Individuelle Gesundheitsleistungen
insbes.	insbesondere
InsO	Insolvenzordnung
InsOÄndG	Gesetz zur Änderung der Insolvenzordnung und anderer Gesetze
InVo	Insolvenz und Vollstreckung (Zeitschrift)
i.S.d.	im Sinne des
i.S.v.	im Sinne von

i.V.m.	in Verbindung mit
KG	Kammergericht
KHRG	Krankenhausfinanzierungsreformgesetz
KTS	Zeitschrift für Insolvenzrecht (Zeitschrift)
KV	Kassenärztliche Vereinigung; Krankenversicherung
KVB	Kassenärztliche Bundesvereinigung
KVEG	Kostendämpfungs-Ergänzungsgesetz
KVG	Gesetz, betreffend die Krankenversicherung der Arbeiter
KZV	Kassenzahnärztliche Vereinigung
LAG	Landesarbeitsgericht
LG	Landgericht
LKK	Landwirtschaftliche Krankenkasse
Ls.	Leitsatz
LSG	Landessozialgericht
MBO-Ä	(Muster-) Berufsordnung für die deutschen Ärztinnen und Ärzte
MBKK	Musterbedingungen der privaten Krankenversicherungen
MDR	Monatsschrift für Deutsches Recht (Zeitschrift)
Min.	Minuten
mind.	mindestens
Mrd.	Milliarden
MünchKommBGB	Münchner Kommentar zum Bürgerlichen Gesetzbuch
MünchKommInsO	Münchner Kommentar zur Insolvenzordnung
MünchKommZPO	Münchner Kommentar zur Zivilprozessordnung
MVZ	Medizinisches Versorgungszentrum
M-WBO	Musterweiterbildungsordnung
m.w.N.	mit weiteren Nachweisen
n.F.	neue Fassung
NJW	Neue Juristische Wochenschrift, Zeitschrift
NJW-RR	NJW-Rechtsprechungs-Report Zivilrecht (Zeitschrift)

Nr.	Nummer
Nrn.	Nummern
n.v.	nicht veröffentlicht
n.rk.	nicht rechtskräftig
NVwZ	Neue Zeitschrift für Verwaltungsrecht (Zeitschrift)
NVwZ-RR	Neue Zeitschrift für Verwaltungsrecht, Rechtsprechungsreport (Zeitschrift)
NZI	Neue Zeitschrift für das Recht der Insolvenz und Sanierung (Zeitschrift)
NZS	Neue Zeitschrift für Sozialrecht (Zeitschrift)
OLG	Oberlandesgericht
OVG	Oberverwaltungsgericht
PartGG	Gesetz über Partnerschaftsgesellschaften Angehöriger Freier Berufe
RegE	Regierungsentwurf
RG	Reichsgericht
RGBl.	Reichsgesetzblatt
RGZ	Sammlung der Entscheidungen des Reichsgerichts in Zivilsachen
rk.	rechtskräftig
RL	Richtlinie
Rn.	Randnummer
RpflG	Rechtspflegergesetz
Rspr.	Rechtsprechung
s.	siehe
S.	Satz, Seite
SG	Sozialgericht
SGb	Die Sozialgerichtsbarkeit (Zeitschrift)
SGB	Sozialgesetzbuch
SGB I	Sozialgesetzbuch Allgemeiner Teil

SGB V	Fünftes Buch Sozialgesetzbuch (Gesetzliche Krankenversicherung)
SGB X	Zehntes Buch Sozialgesetzbuch (Sozialverwaltungsverfahren und Sozialdatenschutz)
SGG	Sozialgerichtsgesetz
SozR	Sozialrecht, Entscheidungssammlung, 1. Folge (1955–1973), 2. Folge (1974–1989), 3. Folge (1990–2002), 4. Folge (ab 2003)
StGB	Strafgesetzbuch
StBerG	Steuerberatergesetz
str.	strittig
TDM	Tausend Deutsche Mark
u.a.	unter anderem; und andere
Urt.	Urteil
v.	vom; von
VersR	Versicherungsrecht (Zeitschrift)
VG	Verwaltungsgericht
vgl.	vergleiche
VO	Verordnung
VSSR	Vierteljahresschrift für Sozialrecht (Zeitschrift)
VGH	Verwaltungsgerichtshof
WM	Wertpapiermitteilungen – Zeitschrift für Wirtschafts- und Bankrecht
WPO	Wirtschaftsprüferordnung
z.B.	zum Beispiel
Ziff.	Ziffer
ZInsO	Zeitschrift für das gesamte Insolvenzrecht (Zeitschrift)
ZIP	Zeitschrift für Wirtschaftsrecht (Zeitschrift)
ZPO	Zivilprozessordnung

Erster Teil

Einführung in die Problematik und Ziel der Untersuchung

A. Untersuchungsgegenstand

Das Medizinische Versorgungszentrum (MVZ) ist eine Neuschöpfung des sozialrechtlichen Gesetzgebers. Seit dem Jahre 2004 ist neben dem Vertragsarzt[1] auch das MVZ zur Teilnahme an der vertragsärztlichen Versorgung gesetzlich Versicherter berechtigt. Nun mag es übereilt wirken, bereits zu einem Zeitpunkt über Krise und Insolvenz Medizinischer Versorgungszentren nachzudenken, an dem dieses rechtliche Konstrukt noch in den Kinderschuhen steckt. Aber „alles, was entsteht, ist wert, dass es zugrunde geht" – lässt GOETHE seinen Mephisto (über sich selbst) erklären. In diesem Sinne dürfte es nur eine Frage der Zeit sein, bis zahlungsunfähige oder überschuldete Medizinische Versorgungszentren die insolvenzrechtliche Literatur und die Gerichte beschäftigen, wobei die chronische Mittelknappheit im öffentlichen Gesundheitswesen und daraus fließende Reformbestrebungen zur Beschleunigung dieser Entwicklung beitragen könnten. Sieht man sich das Zahlenwerk publizitätspflichtiger MVZ etwas genauer an, so deutet einiges darauf hin, dass dieser Tag nicht in allzu ferner Zukunft liegt.[2]

B. Untersuchungsziel

Die Eigenheiten des als „GKV-System" bezeichneten Marktes, in dessen Rahmen die vertragsärztliche (ambulante) Leistungserbringung erfolgt, lassen die Frage aufwerfen, ob angesichts der öffentlich-rechtlichen Prägung – etwa durch SGB V oder Ärzte-ZV – mit dem Instrumentarium der Insolvenzordnung ein geordnetes Insolvenzverfahren über das Vermögen eines MVZ durchgeführt werden kann. Die vorliegende Arbeit befasst sich mit den Besonderheiten der MVZ-Insolvenz.

Im Vordergrund steht die Frage nach der Massezugehörigkeit von Vermögensteilen eines Medizinischen Versorgungszentrums. So wird untersucht, ob Honorarforderun-

---

[1] Um der besseren Lesbarkeit willen beschränkt sich der Text auf die Nennung eines Genus, womit ausdrücklich, soweit Personen betroffen sein sollten, beide Geschlechter gemeint sind.
[2] Jahresabschlüsse publizitätspflichtiger Medizinischer Versorgungszentren (in der Rechtsform einer GmbH) können unter www.unternehmensregister.de eingesehen werden, indem dort in die Maske „Firmenname" „MVZ" eingegeben wird; siehe auch unten Fn 69.

gen des MVZ, die Behandlungs- und Abrechnungserlaubnis und die Praxis(ausstattung) zulasten der gesetzlichen Krankenkassen in Form der Vertragsarztzulassung im Fall der Eröffnung eines Insolvenzverfahrens über das Vermögen des MVZ in die Insolvenzmasse und somit in die Verfügungsgewalt des Insolvenzverwalters fallen. Dabei soll das Zusammenspiel insolvenzrechtlicher Normen (einerseits) und sozial- und berufsrechtlicher Anforderungen (andererseits) aufgezeigt werden, die im Rahmen des Insolvenzverfahrens über das Vermögen eines medizinischen Versorgungszentrums auftreten können.[3]

C. Gang der Untersuchung

Den Schwerpunkt der Arbeit bildet der – in sieben Kapitel untergliederte – zweite Teil. Im ersten Kapitel (A.) wird die Stellung des MVZ im System der GKV behandelt, wobei es zunächst um die berufsrechtlichen Voraussetzungen für die Ausübung des Arztberufs gehen soll. Im zweiten Kapitel (B.) werden relevante Krisenursachen untersucht. Das dritte Kapitel (C.) behandelt den Ablauf eines Insolvenzverfahrens, wobei die Besonderheiten der MVZ-Insolvenz besonders herausgestellt werden. Im anschließenden vierten Kapitel (D.) wird das Schicksal der Kassenzulassung bei Insolvenzeröffnung untersucht. Das fünfte Kapitel (E.) wendet sich einem zentralen Punkt der Arbeit zu. Es behandelt die Frage nach der Massezugehörigkeit der Praxis(ausstattung). Ob die Praxis(ausstattung) in die Verfügungsgewalt des Insolvenzverwalters fällt, wird im nachfolgenden Kapitel (F.) geprüft. Der zweite Teil endet mit einem Ausblick auf das ESUG (Kapitel H.).

---

[3] Ausgeblendet wird internationales, insbesondere europäisches Insolvenzrecht.

Zweiter Teil

Medizinisches Versorgungszentrum in Krise und Insolvenz

A. MVZ – Leistungserbringer des SGB V

I. Sachleistungsprinzip als Ausgangpunkt für die Entstehung von Medizinischen Versorgungszentren

Als Mitglied einer gesetzlichen Krankenkasse hat der Versicherte nach den Bestimmungen des § 27 SGB V[4] i.v.m. den vom Gemeinsamen Bundesausschuss zur Konkretisierung des gesetzlichen Rahmenrechts erlassenen Richtlinien Anspruch auf Krankenbehandlung.[5] Dazu gehört nach den §§ 27 II Nr. 1, 28 I 1 SGB V die ärztliche Behandlung.[6] Im System der gesetzlichen Krankenversicherung herrscht seit dem Jahre 1883[7] das Sachleistungssystem vor, vgl. § 2 II 1 SGB V. Danach erhalten Versicherte unter Vorlage ihrer Berechtigung[8] die zu beanspruchende Leistung unmittelbar in natura, ohne selbst vorleistungspflichtig zu werden.[9] Krankenkassen erfüllen diesen Verschaffungsanspruch grundsätzlich nicht selbst, sondern bedienen sich externer, spezialisierter Leistungserbringer.[10] Die zentrale Figur in der vertragsärztlichen Versorgung der gesetzlich Versicherten ist der zugelassene Vertragsarzt.[11] Daneben beteiligen sich er-

---

[4] Sozialgesetzbuch (SGB) Fünftes Buch (V) – Gesetzliche Krankenversicherung –, verkündet als Art. 1 Gesetz zur Strukturreform im Gesundheitswesen (Gesundheits-Reformgesetz – GRG) v. 20.12.1988 (BGBl. I S. 2477); Inkrafttreten gem. Art. 79 Abs. 1 dieses G. am 01.01.1989, mit Ausnahme der in Abs. 2 bis 5 dieses Artikels genannten Abweichungen.

[5] Historische Entwicklung und Aufbau von Krankenkassen als Träger der gesetzlichen Krankenversicherung beschreibt SODAN in Sodan, Krankenversicherungsrecht, § 1. Wer (zwingendes oder freiwilliges) Mitglied einer gesetzlichen Krankenkasse ist bzw. sein kann, regeln die §§ 5 bis 10 SGB V.

[6] Näheres zum Gemeinsamen Bundesausschuss (G-BA) s. ZIERMANN in Sodan, Krankenversicherungsrecht, § 23. Zum Leistungsanspruch des Versicherten als Rahmenrecht ausführlich FRANKE, SGb 1999, 5-10. Erst unter Einschluss weiterer im SGB bestimmter Voraussetzungen (bspw. die ärztliche Verordnung gem. § 73 II Nr. 7 SGB V; die rechtsvernichtende Einwendung der Unwirtschaftlichkeit (§ 12 I 2 SGB V) oder rechtshemmende Einrede der Unzweckmäßigkeit und Nichterforderlichkeit (§ 12 I 1 SGB V); Erfüllung von Mitwirkungspflichten des Versicherten bei Diagnostik und Therapie in den Grenzen des § 65 SGB I; Konkretisierung durch – auf der Ermächtigung des § 92 I SGB V vom Gemeinsamen Bundesausschuss beschlossenen – Richtlinien) kann aus diesem Rahmenrecht der vertragsärztlichen Versorgung ein konkreter Anspruch hergeleitet werden, BSG, Urt. v. 16.12.1993, 4 RK 5/92, BSGE 73, 271, 280 ff. Zur Kritik des rahmenrechtlichen Konkretisierungskonzepts, vgl. NEUMANN, NZS 2001, 515 ff. Zur Rechtsnatur und Funktion von Richtlinien des G-BA in der vertragsärztlichen Versorgung vgl. SCHMIDT-DE CALUWE in Becker/Kingreen, SGB V, § 92 Rn 1; LANGE, Untergesetzliche Normsetzung, S. 15.

[7] Historischer Abriss des Krankenversicherungssystems unter Hervorhebung des Sachleistungsprinzips bei HAUCK in Sodan, Krankenversicherungsrecht, § 8 Rn 1 bis 9.

[8] Krankenversicherungskarte, § 15 II SGB V.

[9] KRUSE in LPK-SGB V, § 2 Rn 4.

[10] SODAN in Sodan, Krankenversicherungsrecht, § 13 Rn 4. Eine Übersicht GKV-konformer Leistungserbringer bei QUAAS/ZUCK, Medizinrecht, § 10 Rn 5.

[11] BSG, Urt. v. 16.12.1993, 4 RK 5/92, BSGE 73, 271, 283.

mächtigte Ärzte und ermächtigte, ärztlich geleitete Einrichtungen sowie zugelassene Medizinische Versorgungszentren an der vertragsärztlichen Versorgung, § 95 I 1 SGB V.

Der sozialrechtliche Gesetzgeber wollte mit der Einführung Medizinischer Versorgungszentren als weitere, gleichberechtigte Teilnehmer in der vertragsärztlichen Versorgung die Möglichkeit eröffnen, ambulante Versorgung „aus einer Hand"[12] anzubieten. Zudem sollte mit der durch das GKV-Modernisierungsgesetz[13] geschaffenen Neuregelung insbesondere jungen Ärzten die Gelegenheit gegeben werden, an der vertragsärztlichen Versorgung teilnehmen zu können, ohne die mit der Praxiseröffnung verbundenen wirtschaftlichen Risiken eingehen zu müssen.[14]

II. Einordnung des MVZ in das System sozialrechtlicher Leistungserbringung

1. Begriffsbestimmung

Nach der Definition in § 95 I 2 SGB V versteht man unter einem Medizinischen Versorgungszentrum eine fachübergreifende ärztlich geleitete Einrichtung, in der Ärzte, die in das Arztregister eingetragen sind, als Angestellte oder Vertragsärzte tätig sind. Fachübergreifend ist eine Einrichtung, wenn in ihr Ärzte mit verschiedenen Facharzt- und Schwerpunktbezeichnungen[15] tätig sind, § 95 I 3 HS 1 SGB V. Die Trennung der

---

[12] BT-Drucks. 15/1525, S. 108 – Zu Nummer 74 (§ 95) – Zu Buchstabe a.
[13] Gesetz zur Modernisierung der gesetzlichen Krankenversicherung (GKV-Modernisierungsgesetz – GMG) vom 14.11.2003 (BGBl. I S. 2190), zuletzt geändert durch Art. 1 G. v. 15.12.2004 (BGBl. I S. 3445 f.).
[14] BT-Drucks. 15/1525, S. 107 f – Zu Nummer 74 (§ 95) – Zu Buchstabe a.
[15] Ärzte sind verpflichtet, sich in dem Umfange beruflich fortzubilden, wie es zum Erhalt und zur Entwicklung der zu ihrer Berufsausübung erforderlichen Fachkenntnisse notwendig ist, § 4 I 1 (Muster-) Berufsordnung für die deutschen Ärztinnen und Ärzte (MBO-Ä). Die MBO-Ä wird von der Bundesärztekammer („privatrechtlich organisiertes Standesparlament", LAUFS in Laufs/Kern, Arztrecht, § 5 Rn 5; zum Kammersystem der Ärzte ausführliche Darstellung bei LAUFS, a.a.O. § 13; HOPPE/SCHIRMER in Wenzel, Medizinrecht, Kap. 9 Rn 23-40), erstellt und vom Deutschen Ärztetag verabschiedet; abgedruckt bei Laufs/Kern, Arztrecht, Anhang zu Kapitel 1, S. 48-60; download unter http://www.bundesaerztekammer.de/downloads/BOStand20061124.pdf. (Zuletzt besucht am 03.04.2011, 20:28 Uhr.) Zur Wahrung eines bundeseinheitlichen Berufsrechts orientieren sich hieran die Landesärztekammern beim Erlass der Berufs- und Weiterbildungsordnungen, QUAAS/ZUCK, Medizinrecht, § 12 Rn 4; LAUFS in Laufs/Kern, Arztrecht, § 5 Rn 5. Neben dieser berufsrechtlichen Pflicht des Arztes zur Fortbildung sind Vertragsärzte auch nach § 95 d SGB V verpflichtet, sich regelmäßig fortzubilden und die Nachweise jeweils alle fünf Jahre der Kassenärztlichen Vereinigung vorzulegen. Durch § 81 IV SGB V werden die Kassenärztlichen Vereinigungen zudem zum Erlass von Satzungsbestimmungen über die Fortbildungspflicht der Ärzte auf dem „Gebiet der vertragsärztlichen Tätigkeit" verpflichtet. Die Fortbildungsregelungen nach § 95 d und § 81 IV SGB V überschneiden sich; sie sind nicht deckungsgleich, AUKTOR in LPK-SGB V, § 81 Rn 13. Ziel der Weiterbildung ist nach § 1 I 1 Musterweiterbildungsordnung (M-WBO) der Bundesärztekammer in der Fassung vom 25.06.2010 (download unter http://www.bundesaerztekammer.de/downloads/MWBO_V2_250620101.pdf; zuletzt besucht am 11.04.2011, 20:32 Uhr.) der geregelte Erwerb festgelegter Kenntnisse, Erfahrungen und Fertigkeiten, um nach Abschluss der Berufsausbildung besondere ärztliche Kompetenzen zu erlangen. Die Bundesärzteordnung regelt bundeseinheitlich die Ausbildung zum Arzt und die Erteilung der Approbation. Die Weiterbildung zu spezialisierten Fachärzten in einem (Fach-)Gebiet (= definierte Fachrichtung in der Medizin, vgl. § 2 II 1 M-WBO) erfolgt nach Landesrecht und autonomem Satzungsrecht der Ärztekammern, LAUFS in Laufs/Kern, Arztrecht, § 11 Rn 10.

vertragsärztlichen Versorgung nach § 73 I SGB V in die haus- und fachärztliche Versorgung ist zu beachten.[16] Gemäß § 95 I 3 HS 2 SGB V fehlt es an einer fachübergreifenden Einrichtung, wenn die Ärzte der hausärztlichen Arztgruppe nach § 101 V SGB V angehören und wenn die Ärzte oder Psychotherapeuten der psychotherapeutischen Arztgruppe nach § 101 IV SGB V angehören.

Das MVZ muss unter ärztlicher Leitung stehen. Was Inhalt sein und welchen Umfang die ärztliche Leitung haben soll, kann weder dem Wortlaut der Norm noch der Gesetzesbegründung entnommen werden. Mit dieser Forderung wird ausgeschlossen werden, dass fachliche Weisungskompetenzen von fachfremden, nichtärztlichen Dritten wahrgenommen werden.[17] Angesichts der fehlenden Konkretisierung übertragen WIGGE/BOOS/OSSEGE die für den ärztlichen Dienst im Krankenhaus geltenden Grundsätze auf den ärztlichen Leiter eines MVZ. In einem MVZ ist danach mindestens ein leitender Arzt zu bestimmen, der in medizinischen Fragen weisungsunabhängig gesamtverantwortlich für die von den angestellten Ärzten erbrachten Leistungen ist.[18] Kernbereich der ärztlichen Leitungsbefugnis ist das Innehaben der Letztentscheidungskompetenz im Hinblick auf die medizinische Diagnostik und Therapie. Darüber hinaus kann die Verantwortung auf eine ordnungsgemäße Abrechnung, die Führung der ärztlichen Unterlagen und die Erstellung von Arztberichten erstreckt werden.[19] Die kaufmännische Geschäftsführung des MVZ kann – wie in einem Krankenhaus – unabhängig von der

---

Die erfolgreich abgeschlossene Weiterbildung berechtigt zur Facharztbezeichnung in einem Gebiet (z.B. Facharzt für Hals-Nasen-Ohrenheilkunde), zur Schwerpunktbezeichnung im Schwerpunkt eines Gebiets (Facharzt für Kinder- und Jugendmedizin mit Schwerpunkt Kinder-Hämatologie und -Onkologie) oder zur Zusatzbezeichnung (z.B. Akupunktur, Allergologie, Handchirurgie, Kinder-Orthopädie, Notfallmedizin, Schlafmedizin), § 2 I M-WBO. Das berufsrechtliche Weiterbildungsrecht wirkt sich auch auf das Vertragsarztrecht aus. Voraussetzung für die Bewerbung um eine Zulassung als Vertragsarzt ist nach § 95 II 1 SGB V der Nachweis einer Eintragung im Arztregister. Die Eintragung im Arztregister wiederum setzt die Weiterbildung in einem Fachgebiet mit der Befugnis zum Führen einer entsprechenden Gebietsbezeichnung voraus, § 95 a I Nr. 2 2. Alt. SGB V. Die Facharztgruppen nach der (Muster-) Weiterbildungsverordnung haben ferner Bedeutung für die Zulassung von Ärzten zur vertragsärztlichen Versorgung bei Vorliegen von Zulassungsbeschränkungen infolge Überversorgung, § 103 SGB V. Die vom Gemeinsamen Bundesausschuss auf der Ermächtigungsgrundlage von § 101 I SGB V erlassene Bedarfsplanungsrichtlinie (Richtlinie des Gemeinsamen Bundesausschusses über die Bedarfsplanung sowie die Maßstäbe zur Feststellung von Überversorgung und Unterversorgung in der vertragsärztlichen Versorgung (BedarfsplRl-Ä) in der Neufassung vom 15.02.2007, veröffentlicht im Bundesanzeiger 2007 S. 3491, Inkrafttreten am 01.04.2007, zuletzt geändert am 18.02.2010, veröffentlicht im Bundesanzeiger 2010 S. 2133, Inkrafttreten am 19.06.2010; download unter http://www.g-ba.de/downloads/62-492-435/RL_Bedarf-2010-03-18.pdf. (Zuletzt besucht am 12.04.2011, 20:40 Uhr.) lehnt sich bei der Bestimmung der Arztgruppen an die M-WBO an, § 3 BedarfsplRl-Ä.

[16] WIGGE/BOOS/OSSEGE in Wigge/von Leoprechting, Handbuch MVZ, S. 107.
[17] HÄUßERMANN/DOLLMANN, MedR 2005, 255, 260.
[18] WIGGE/BOOS/OSSEGE in Wigge/von Leoprechting, Handbuch MVZ, S. 111 f.
[19] LINDENAU, MVZ, S. 56.

ärztlichen Leitung erfolgen, sofern die fachlich-medizinische Leitung durch den verantwortlichen Arzt gewahrt bleibt.[20]

Die Ärzte des MVZ, die nach § 95 I 2, II 3 SGB V in das Arztregister[21] eingetragen sein müssen, können als Angestellte oder (freiberufliche) Vertragsärzte tätig werden. Demnach kann ein MVZ (1.) ausschließlich mit angestellten Ärzten, (2.) ausschließlich mit niedergelassenen Vertragsärzten[22] oder (3.) sowohl angestellten als auch Vertragsärzten betrieben werden.[23] Das MVZ mit ausschließlich angestellten Ärzten bietet sich bei nichtärztlicher Trägerschaft an, wenn also der ärztliche Versorgungsauftrag von den Gründern des MVZ nicht höchstpersönlich erfüllt werden kann. In diesem Fall gelten die berufs- und vertragsarztrechtlichen Vorgaben der ärztlichen Leistungserbringung für die angestellten Ärzte im gleichen Umfang wie für Vertragsärzte.[24]

2. Gründung, Organisation und Zulassung des MVZ

Die Errichtung eines MVZ setzt zunächst eine entsprechende Befugnis ihrer Gründer voraus. § 95 I 6 SGB V gestattet die MVZ-Gründung ausschließlich Leistungserbringern, die bereits – entweder im Status der Zulassung,[25] der Ermächtigung[26] oder mittels Vertrag[27] – an der medizinischen Versorgung der Versicherten der gesetzlichen Krankenkassen teilnehmen.[28] Nichtgründungsberechtigt sind Krankenkassen und ihre Verbände, Kassenärztliche Vereinigungen, Kommunen, Wohlfahrtsverbände sowie Privatärzte und Privatkrankenhäuser. Gleiches gilt für die Hersteller von Medizinprodukten und pharmazeutischen Produkten.[29]

Nach Plänen des Bundesgesundheitsministeriums soll die MVZ-Gründungsberechtigung künftig eingeschränkt werden auf Vertragsärzte und Kranken-

---

[20] FIEDLER/WEBER, NZS 2004, 358, 360; MÖLLER, MedR 2007, 263, 265.
[21] Arztregister werden von der Kassenärztlichen Vereinigung für jeden Zulassungsbezirk geführt. Genaue Abgrenzung und Größe der Bezirke regeln gem. § 98 II 7 SGB V die Zulassungsverordnungen (für Vertragsärzte: § 11 Ärzte-ZV).
[22] Sog. „Freiberufler"-MVZ.
[23] WIGGE/BOOS/OSSEGE in Wigge/von Leoprechting, Handbuch MVZ, S. 114. Sog. „Kombinationsmodell".
[24] Etwa die Bestimmungen für die ärztliche Weiterbildung, WIGGE/BOOS/OSSEGE in Wigge/von Leoprechting, Handbuch MVZ, S. 117.
[25] Z. B. zugelassene Ärzte, MVZ, Psychotherapeuten, Zahnärzte, Krankenhäuser, Heilmittelerbringer.
[26] Z. B. ermächtigte Ärzte, Psychotherapeuten, ärztlich geleitete Einrichtungen (Rehabilitationseinrichtungen).
[27] Z. B. Versorgung mit Haushaltshilfe (§ 132 SGB V), häusliche Krankenpflege (§ 132 a SGB V), freiberuflich tätige Hebamme (§ 134 SGB V).
[28] Zur Diskussion über die Rechtsfolgen bei Verlust der Gründungseigenschaft vgl. NIGGEHOFF in Sodan, Krankenversicherungsrecht, § 18 Rn 30-32.
[29] LINDENAU, MVZ, S. 56.

häuser mit Ausnahmeregelung aus Versorgungsgründen für gemeinnützige Trägerorganisationen (z. B. im Bereich der Dialyse).[30]

Versorgungszentren können sich gemäß § 95 I 6 1. HS SGB V aller zulässigen Rechtsformen[31] bedienen, wobei die Gesetzesbegründung ausdrücklich die GmbH erwähnt.[32] Umstritten ist in der Literatur die Frage, ob die OHG als zulässige Rechtsform für ein MVZ angesehen werden kann.[33] Die Rechtsprechung lehnt dies ab mit Hinweis darauf, dass die Handelsgesellschaft keine vertragsärztliche Tätigkeit ausüben könne. Die – wohl – herrschende Literaturmeinung schließt sich dieser Auffassung an.[34] Die Aktiengesellschaft soll künftig nicht mehr gewählt werden können, um zu verhindern, dass „auch aus reiner Kapitalbeteiligung Gewinne aus der vertragsärztlichen Versorgung gezogen werden kann".[35]

Soweit die Durchführung der ärztlichen Tätigkeit im Kleid einer juristischen Person des Privatrechts nach dem landesrechtlich geregelten Berufsrecht[36] unzulässig ist, werden

---

[30] Eckpunkte zum Versorgungsgesetz v. 08.04.2011 – dort unter Ziff. 4 Medizinische Versorgungszentren; download unter http://www.bmg.bund.de/krankenversicherung/ambulante-versorgung/versorgungsgesetz.html. Zuletzt besucht am 13.04.2011, 18:50 Uhr.

[31] In § 95 I 6 1. HS SGB V als „Organisationsform" bezeichnet.

[32] BT-Drucks. 15/1525, S. 107 – Zu Nummer 74 (§ 95) – Zu Buchstabe a.

[33] Vgl. Niggehoff in Sodan, Krankenversicherungsrecht, § 18 Rn 36-39.

[34] So etwa Schallen, Zulassungsverordnung, Vorbem. Zu § 18 Rn 29; Quaas/Zuck, Medizinrecht, § 48 Rn 23; Wigge in Schnapp/Wigge, Vertragsarztrecht, § 6 Rn 83. Differenzierend Haack in Wenzel, Medizinrecht, Kap. 10 Rn 195; Kruse in LPK-SGB V, § 95 Rn 45; tendenziell befürwortend Cansun, Kooperationen von Vertragsärzten, S. 189.

[35] Eckpunkte zum Versorgungsgesetz v. 08.04.2011 – dort unter Ziff. 4 Medizinische Versorgungszentren.

[36] Das ärztliche Berufsrecht wird in einer Vielzahl von bundes- und landesrechtlichen Vorschriften sowie Verordnungen und Satzungen geregelt. Ursächlich für diese Rechtszersplitterung des Arztrechts (Unter „Arztrecht" wird die Summe der Rechtsnormen verstanden, unter denen der Arzt und seine Berufstätigkeit stehen, Laufs in Laufs/Kern, Arztrecht, § 5 Rn 2. Abgrenzung zum Begriff des Medizinrechts s. Laufs a.a.O.) ist die Aufteilung der Gesetzgebungskompetenzen von Bund und Ländern in Art. 74 I Nr. 19 GG. Danach unterfallen die Regelungen über die Zulassung zum ärztlichen Heilberuf der konkurrierenden Gesetzgebung gemäß Art. 72 GG. Unter Zulassung wird hierbei die Berufszulassung, nicht die Berufsausübung verstanden, BVerwG, Urt. v. 21.11.1980, 7 C 4.80, BVerwGE 61, 169, 174 f. Das betrifft im Wesentlichen die Vorschriften, die sich auf Erteilung, Zurücknahme und Verlust der Approbation oder auf die Befugnis zur Ausübung des ärztlichen Berufs beziehen, BVerfG, Urt. v. 21.10.54 - 1 BvL 9/51, BVerfGE 4, 74, 84 f. Dagegen fällt die Regelung der ärztlichen Weiterbildung nach erteilter Approbation (somit auch die Regelung des Facharztwesens (fachärztliche Weiterbildung und Facharztbezeichnungen), der Berufsgerichtsbarkeit, der Verkammerung, des Standesrechts und der Werbeverbote, Degenhardt in Sachs, Grundgesetz, Art. 74 Rn 86; Schnapp in Schnapp/Wigge, Vertragsarztrecht, § 4 Rn 7; Herberer, Berufsrecht, S. 48.) in die ausschließliche Gesetzgebungszuständigkeit der Länder, BVerfG, Beschl. v. 09.05.1972, 1 BvR 518/62, 1 BvR 308/64, BVerfGE 33, 125, 154 f. = NJW 1972, 1504, 1507, sog. Facharztbeschluss. Durch Erlass der Bundesärzteordnung [BÄO in der Fassung der Bekanntmachung vom 16.04.1987 (BGBl. I S. 1218), zuletzt geändert durch Artikel 5 des Gesetzes vom 24.07.2010 (BGBl. I S. 983)] hat der Bundesgesetzgeber von seinem Gesetzgebungsrecht Gebrauch gemacht. § 4 I BÄO ermächtigt den Bundesminister für Gesundheit mit Zustimmung des Bundesrates zum Erlass einer Approbationsordnung für Ärzte [ÄAppO v. 27.06.2002 (BGBl. I S. 2405), zuletzt geändert durch Art. 10 des G. vom 24.07.2010 (BGBl. I S. 983)], in der die Mindestanforderungen an das Studium der Medizin einschließlich der praktischen Ausbildung in Krankenhäusern und anderen geeigneten Einrichtungen der ärztlichen Krankenversorgung sowie Näheres über die ärztliche Prüfung und über die Approbation zu regeln ist. § 11 BÄO ermächtigt die Bundesregierung, durch Rechtsverordnung mit Zustimmung des Bundesrates die Entgelte für ärztliche Tätigkeit in einer Gebührenordnung für Ärzte [GOÄ in der Fassung der Bekanntmachung vom 09.02.1996 (BGBl. I S. 210), zuletzt geändert durch Art. 17 des G. v. 04.12.2001 (BGBl. I S. 3320)]. § 11 BÄO ist mit dem Grundgesetz vereinbar, BVerfG, Beschl. v. 12.12.1984, 1 BvR 1249/83 u. a., BVerfGE 68, 319) zu regeln. Dem Landesrecht vorbehalten bleiben demnach die Regeln der ärztlichen Berufsausübung. Zu diesem

diese standesrechtlichen Zulässigkeitshindernisse durch die vertragsarztrechtlichen Regelungen verdrängt.[37] Die Teilnahme an der vertragsärztlichen Versorgung erfolgt durch Beschluss des Zulassungsausschusses, wobei die Zulassungsentscheidung einer eventuell bestehenden Bedarfsplanung unterworfen ist.[38] Die Zulassungsverordnung für Vertragsärzte[39] wird auf Medizinische Versorgungszentren und die dort angestellten Ärzte angewendet, § 1 III Nr. 2 Ärzte-ZV. Zulassungsträger werden nicht die im Zentrum zulässigerweise[40] angestellten Ärzte, sondern das MVZ selbst.[41] Scheidet ein Arzt, der anlässlich seiner Anstellung im MVZ gemäß § 103 IV a 1 SGB V zu dessen Gunsten auf seine Zulassung verzichtet hat, später aus dem

---

[37] Zweck haben die Länder die Kammer- oder Heilberufsgesetze (vgl. Laufs a.a.O. Rn 4 f. Aufzählung bei Quaas/Zuck, Medizinrecht, § 12 Fn 11) erlassen, die zugleich Rechtsgrundlage für die Errichtung von Ärztekammern als öffentlich-rechtliche Körperschaften sind. Wesentliche Berufsausübungsvorschriften bilden die von den Landesärztekammern erlassenen Weiterbildungs- und Berufsordnungen, Quaas/Zuck, a.a.O., § 12 Rn 3. Der Bund besitzt nach Art 72 I, Art. 74 Nr. 12 GG die konkurrierende Gesetzgebungskompetenz auf dem Gebiet der Sozialversicherung. Aus Art. 70 GG leitet sich ein Vorrang von Bundesgesetzen gegenüber dem Landesrecht ab. Den aktuellen Diskussionsstand zum Vorrang des § 95 I 3 SGB V vor landesrechtlichem Berufsrecht beschreibt eingehend Cansun, Kooperationen von Vertragsärzten, S. 186 f. Andere Stimmen vertreten die gegenteilige Auffassung, wonach der Rückgriff auf die Rechtsform einer juristischen Person bei entgegenstehendem Landes-Berufsrecht ausgeschlossen ist, so etwa Niggehoff in Sodan, Krankenversicherungsrecht, § 18 Rn 34; Quaas/Zuck, Medizinrecht, § 48 Rn 23.

[38] Schallen, Zulassungsverordnung, Vorbem. zu § 18 Rn 47. Unter Zulassung wird eine öffentlich-rechtliche Befugnis des Betroffenen verstanden, Leistungen im System der vertragsärztlichen Versorgung und zu dessen finanziellen Lasten zu erbringen, BSG, Urt. v. 10.05.2000, B 6 KA 67/98 R, NZS 2001, 160, 161. Über die Erteilung der sozialversicherungsrechtlichen Zulassung wird im Rahmen eines Verwaltungsverfahrens entschieden. Zuständig für die Genehmigung zur Teilnahme an der vertragsärztlichen Versorgung ist der Zulassungsausschuss, § 96 SGB V. Widerspruchsbehörde für Entscheidungen des Zulassungsausschusses ist gem. § 97 SGB V der Berufungsausschuss. Zulassungs- und Berufungsausschuss sind Einrichtungen der gemeinsamen Selbstverwaltung der Ärzte und der Krankenkassen, die in der Regel der Kassenärztlichen Vereinigung angegliedert sind. Für das Verfahren vor dem Zulassungs- bzw. Berufungsausschuss finden die Ärzte-ZV und gegebenenfalls ergänzend das SGB X [Zehntes Buch Sozialgesetzbuch – Sozialverwaltungsverfahren und Sozialdatenschutz – (Art. 1 des G. v. 18.08.1980, BGBl. I S. 1469 und G. v. 04.11.1982, BGBl. I S. 1450) in der Fassung der Bekanntmachung vom 18.01.2001 (BGBl. I S. 130), zuletzt geändert durch Art. 5 des G. v. 05.08.2010 (BGBl. I S. 1127)] Anwendung. Die Sitzungen sind nicht öffentlich, § 40 Ärzte-ZV. Der Widerspruch gegen die Entscheidung des Zulassungsausschusses ist beim Berufungsausschuss binnen eines Monats nach Bekanntgabe der Entscheidung über die Zulassung (oder Ermächtigung) schriftlich oder zur Niederschrift beim Zulassungsausschuss einzulegen. (Zur Drittwiderspruchsmöglichkeit von Vertragsärzten vgl. BVerfG, Beschl. v. 17.08.2004, 1 BvR 378/00.) Bei Nichtabhilfe durch den Berufungsausschuss muss binnen einer Frist von einem Monat gemäß § 97 III SGB V Klage vor dem Sozialgericht erhoben werden. (Bei Ablehnung eines Zulassungs- oder Ermächtigungsantrags ist die richtige Klageart die kombinierte Anfechtungs- und Verpflichtungsklage; gegen Auflagen in der Zulassung bzw. Ermächtigung erfolgt Teilanfechtung.) Die Überprüfung des Gerichts beschränkt sich auf die Feststellung, dass keine Verfahrens- oder Formfehler vorliegen. Die Anordnung der sofortigen Vollziehung des Beschlusses durch den Berufungsausschuss erfolgt nach § 97 IV SGB V; die Anordnung der sofortigen Vollziehung durch das Sozialgericht nach § 86b I Nr. 1 SGG [Sozialgerichtsgesetz in der Fassung der Bekanntmachung vom 23.09.1975 (BGBl. I S. 2535), zuletzt geändert durch Art. 6 des G. v. 05.08.2010 (BGBl. I S. 1127)].

[39] Einzelheiten der sozialversicherungsrechtlichen Zulassung werden gem. § 95 II 4 SGB V durch Zulassungsverordnungen geregelt. Für Ärzte und MVZ gilt die Ärzte-ZV v. 28.05.1957 (BGBl. I S. 572). Die Ärzte-ZV stellt ihrer Bezeichnung als Verordnung nach Recht im Sinne eines formellen Gesetzes dar, BSG, Urt. v. 16.07.2003, B 6 KA 49/02 R, BSGE 91, 164 = SozR 4-5520 § 33 Nr. 1 = MedR 2004, 114 = GesR 2004, 47 = NJW 2004, 1820.

[40] Die Anstellung des Arztes bedarf der Genehmigung des Zulassungsausschusses, § 95 II 7 SGB V.

[41] Das Zentrum wird zur vertragsärztlichen Versorgung berechtigt und verpflichtet und rechnet mit der Kassenärztlichen Vereinigung nach den für Vertragsärzte geltenden Bestimmungen (§§ 72 I 2, 95 III 3 SGB V) ab, Schallen, Zulassungsverordnung, Vorbem. zu § 18 Rn 84-87. Mitglied der Kassenärztlichen Vereinigung wird jedoch nicht das MVZ, sondern die angestellten Ärzte, Wigge in Schnapp/Wigge, Vertragsarztrecht, § 6 Rn 93.

Versorgungszentrum aus, so kann er – anders als bei einer Gemeinschaftspraxis[42] – „seine" Zulassung nicht „mitnehmen" und auf einen anderen Standort verlegen. Vielmehr endet zwingend die Berechtigung zur Teilnahme an der vertragsärztlichen Versorgung.[43]

3. Entwicklung

Zum Ende des ersten Quartals 2010 existierten bundesweit 1.503 Versorgungszentren, in denen insgesamt 7.526 Ärzte[44] tätig waren. MVZ werden vorwiegend von Vertragsärzten und Krankenhäusern errichtet. 48,7 % aller MVZ befinden sich in Trägerschaft von Vertragsärzten; in 38,5 % der Fälle sind Krankenhäuser Träger des MVZ. Ärzte bevorzugen die BGB-Gesellschaft, wohingegen MVZ in Krankenhausträgerschaft nahezu ausschließlich als GmbH gegründet werden.[45] Unter den Facharztgruppen sind die Hausärzte und Internisten am häufigsten vertreten. Die Mehrzahl der MVZ lässt sich in Gebieten mit einer hohen Einwohnerzahl und -dichte nieder. Lediglich 621 Versorgungszentren, d. s. 41,3 %, befinden sich in ländlichen Gebieten.[46]

B. Relevante Krisenursachen

I. Einleitung

Geburt und Tod eines Unternehmens lassen sich nach ALBACH anschaulich als zwei Sprünge (1.) aus der Abhängigkeit des Unternehmensgründers in die Selbständigkeit und (2.) aus der Existenz des Unternehmens in den Zustand der Auflösung seiner Teile verstehen.[47] Neben der Überwindung von Marktzutrittsbarrieren hängt das erfolgrei-

---

[42] In einer Gemeinschaftspraxis wird eine gemeinsame ärztlicher Tätigkeit durch mehrere Ärzte des gleichen oder eines ähnlichen Fachgebiets in gemeinsamen Räumen mit gemeinsamer Praxiseinrichtung, gemeinsamer Karteiführung und Abrechnung sowie mit gemeinsamem Personal auf gemeinsame Rechnung ausgeübt, vgl. SCHLUND in Laufs/Kern, Arztrecht, § 18 Rn 14; WIGGE in Schnapp/Wigge, Vertragsarztrecht, § 6 Rn 14; QUAAS/ZUCK, Medizinrecht, § 14 Rn 4 mit Hinweisen auf die einschlägige Rechtsprechung von BSG und BGH.
[43] WIGGE in Schnapp/Wigge, Vertragsarztrecht, § 6 Rn 99.
[44] Davon 1.320 Vertragsärzte und 6.206 angestellte Ärzte.
[45] Wissenschaftlicher Dienst des Deutschen Bundestages zum Begriff „Medizinische Versorgungszentren (MVZ)", Nr. 53/10 v. 19.08.2010; download unter http://www.bundestag.de/dokumente/analysen/2010/medizinische_versorgungszentren.pdf. Zuletzt besucht am 12.04.2011, 12:50 Uhr.
[46] Kassenärztliche Bundesvereinigung, http://www.kbv.de/koop/8877.html. Zuletzt besucht am 11.04.2011, 19:23 Uhr.
[47] ALBACH, Geburt und Tod von Unternehmen, S. 39 f.

che Entstehen eines Unternehmens ab von dem Vorhandensein einer geeigneten Gründerpersönlichkeit und einer Gründungskonzeption.[48] Der zweite Phasensprung im unternehmerischen Lebenszyklus betrifft die Unternehmensbeendigung. ALBACH versucht, die beiden Elemente der Theorie der Unternehmensgründung, die Gründerpersönlichkeit und die Gründungsidee, auf eine Theorie der Unternehmensliquidation zu übertragen, wobei er es im Hinblick auf die Rolle der Gründerpersönlichkeit beim schlichten Hinweis auf MARSHALL genügen lässt.[49] Dagegen baut ALBACH die Unternehmensidee zu einer Theorie der Liquidation aus, indem er betont, dass die Unternehmensidee in einer Produktidee besteht. Der innovative Unternehmensgründer versucht mit einem neuen Produkt eine Marktnische zu besetzen oder gar einen neuen Markt zu schaffen, wodurch innovative Käufer angelockt werden. Diesen folgen rasch Nachahmer, die für ein schnelles Wachstum des Absatzes sorgen. Der Erfolg des Unternehmens ruft Konkurrenten auf den Plan, die mit ihren Produkten die Nachfrage der innovativen Kundschaft auf sich ziehen, denen wieder Nachahmer nachfolgen. Als Ergebnis dieses Prozesses kann das Produkt des Unternehmensgründers nur noch zu sinkenden Preisen und schließlich überhaupt nicht mehr abgesetzt werden.[50] Zum Ende eines Produktlebenszyklus sinken die Einnahmen schneller als die Ausgaben. Das Einproduktunternehmen stirbt. Ein Unternehmen, das also überleben möchte, muss rechtzeitig ein Nachfolgeprodukt entwickeln und anbieten, wobei die Ausgaben für Marktbeobachtung, Forschung und Entwicklung für das neue Produkt sich nicht vorhersagen lassen. Nach ALBACH lässt sich der Unternehmenszusammenbruch somit aus einer bestimmten Kombination von unternehmerischem Entscheidungsverhalten, der Höhe der Forschungsausgaben und dem Risiko des Markterfolges erklären.[51]

Der Unternehmensbeendigung geht zumeist ein Prozess voraus, der als „Unternehmenskrise" bezeichnet wird und dem unter anderen folgende Eigenschaften zugeschrieben werden: Existenzgefährdung, Ambivalenz des Ausganges, Gefährdung dominanter Ziele, Überraschung, Zeitdruck, Stress und Verlust von Handlungsmöglichkeiten.[52] Damit soll zum Ausdruck gebracht werden, dass der Unternehmenszusammenbruch nicht plötzlich „über Nacht" erfolgt. Vielmehr kann dem Unternehmenstod eine

---

[48] ALBACH, Geburt und Tod von Unternehmen, S. 43.
[49] „Der Vater erstellt's, der Sohn erhält's, beim Enkel verfällt's." so MARSHALL, ALFRED in Principles of Economic, London 1890. Zur Kritik am Lebenszyklus-Ansatz (Darstellung der Entwicklung von Unternehmen in Analogie zum Lebenszyklus der Organismen) vgl. etwa GRENZ, Dimensionen und Typen der Unternehmenskrise, S. 55 f.
[50] ALBACH, a.a.O., S. 48 f.
[51] ALBACH, a.a.O., S. 49 f.
[52] KRYSTEK/MOLDENHAUER, Krisenmanagement, S. 26 f.

(gegebenenfalls längere) Phase vorausgehen, in der – von der Geschäftsleitung zunächst unbemerkt – Marktchancen vertan werden und unternehmerisches Potential ungenutzt bleibt. Später kann dies in einem sich verfestigenden und schließlich unaufhaltsamen Niedergang des Unternehmens münden.[53]

II. Zum Begriff der Unternehmenskrise

Einen allgemeingültigen Begriff der Unternehmenskrise hat die betriebswirtschaftlich geprägte Krisenforschung bislang nicht formuliert. Eine weite Definition bietet MÜLLER an. Danach soll eine Unternehmenskrise bereits vorliegen, wenn konkret die Gefahr besteht, für den Fortbestand der gesamten Unternehmung oder wesentlicher, selbständig operierender Teile von ihr (Divisions- oder Geschäftsbereiche) wichtige Ziele nicht zu erreichen. In Betriebswirtschaftslehre und Unternehmenspraxis hat sich der auf den Tatbestand der Existenzbedrohung eingeengte Krisenbegriff durchgesetzt.[54]

In der Literatur besteht zwar Einvernehmen über den Prozesscharakter von Unternehmenskrisen; hingegen herrscht Uneinigkeit über die Entstehung, den Verlauf und die Phasen solcher Prozesse.[55] Einen aktuellen Überblick über den Stand der Krisenwirkungs-, Krisenursachen- und Früherkennungsforschung vermittelt SCHULENBURG, der im Übrigen einen evolutionstheoretischen Ansatz zur Erklärung des Entstehens von Unternehmenskrisen verfolgt.[56]

Einen grundlegenden Beitrag zur Krisenforschung leistet die Analyse von MÜLLER, in der er vier Krisenarten unterscheidet: strategische Krise, Erfolgskrise, Liquiditätskrise und Insolvenz. Die strategische Krise zeichnet sich durch eine ernsthafte Gefährdung der Erfolgspotentiale der Unternehmung aus. Dabei sieht sich das Unternehmen mit einer sog. strategischen Lücke konfrontiert, worunter eine negative Diskrepanz zwischen gewünschter und tatsächlich erwarteter Entwicklung verstanden wird. Kennzeichnend für eine Erfolgskrise ist eine gravierende Unterschreitung von Erfolgszielen, wie z. B. Gewinn-, Rentabilitäts- oder Umsatzziele, wohingegen bei einer Liquiditätskrise unmittelbar Zahlungsunfähigkeit und/oder Überschuldung droht. Die Insolvenz tritt ein,

---

[53] Eine Übersicht der aus der Literatur bekannten Phaseneinteilungen von Krisenprozessen bei KRYSTEK/MOLDENHAUER, Krisenmanagement, S. 34 ff.
[54] MÜLLER, Krisenmanagement, S. 33.
[55] Übersicht betriebswirtschaftlicher Krisenphasenmodelle bei KRYSTEK/MOLDENHAUER, Krisenmanagement, S. 34 f. Dazu ausführlich KRYSTEK, Unternehmenskrisen, S. 16-32.
[56] SCHULENBURG, Entstehung von Unternehmenskrisen, S. 381 ff.

wenn das Unternehmen illiquide und/oder überschuldet und damit ein dominantes Ziel verletzt ist.[57]

Auf FLEEGE-ALTHOFF ist die Unterscheidung von exogenen und endogenen Krisenursachen zurückzuführen, die am Ort der Krisenentstehung anknüpft. Endogene Krisenursachen entstehen innerhalb (der Einflusssphäre) des Unternehmens, wobei als häufigste Ursachen eine zu geringe Kapitalausstattung und Führungsfehler gelten.[58] Exogene Krisenursachen betreffen – anders als endogene – regelmäßig einen größeren Kreis von Unternehmen. So wirken beispielsweise negative konjunkturelle Entwicklungen oder ein geändertes Nachfrageverhalten nicht nur auf einzelne Unternehmen, sondern gleichermaßen eine ganze Branche oder Region. Unter den exogenen Krisenursachen hebt die Krisenliteratur konjunkturelle (Fehl-) Entwicklungen, strukturelle Veränderungen im gesamtwirtschaftlichen Umfeld der Unternehmung und eine zunehmende Diskontinuität der Umsystementwicklung besonders hervor.[59]

III. Ursachen für die Krise eines MVZ

Auslöser für ein Insolvenzverfahren über das Vermögen eines Medizinischen Versorgungszentrums können zunächst diejenigen Faktoren sein, die auch für ein „normales" Unternehmen in Frage kommen. Darüber hinaus ist das MVZ durch spezifische Faktoren gefährdet, die aus der Einbindung in das GKV-System resultieren.

1. Originäre Managementfehler

Ursächlich für eine MVZ-Krise können etwa ein fehlendes Unternehmensleitbild, eine falsche Standortwahl, eine zu optimistische Zielsetzung oder unrentable Praxiskäufe sein.[60]
HARLFINGER weist darauf hin, dass die wirtschaftliche Schieflage von Ärzten vor allem auf Fehlentscheidungen bei der Gründung der freiberuflichen Praxis zurückzuführen sei. Diese Erkenntnis ist auf das – ärztlich geleitete – Medizinische Versorgungszentrum uneingeschränkt übertragbar. Probleme bereiten den Ärzten insbesondere zu ho-

---
[57] MÜLLER, Krisenmanagement, S. 53 f.
[58] KRYSTEK, Unternehmenskrisen, S. 68; ENGBERDING; Unternehmenskrisen, S. 40-46. Einen differenzierten Überblick über endogene Krisenursachen gibt HESS, Sanierungshandbuch, Kap. 2, Rn 48.
[59] KRYSTEK, a.a.O., S. 70 f.; KRYSTEK/MOLDENHAUER, Krisenmanagement, S. 51 f.
[60] HESS, a.a.O.

he Praxismieten, zu hohe Anfangsinvestitionen bei gleichzeitig ungünstigen Kreditbedingungen und eine zu hohe Personalstärke.[61]

Nach den Feststellungen von VAN ZWOLL, MAI, ECKARDT und REHBORN[62] nehmen viele Ärzte vor der Errichtung ihrer Praxis keine oder eine nur eingeschränkte Standortanalyse vor. Dadurch haben sie keine Klarheit darüber, wie viele Ärzte im gleichen Fachbereich am gewählten Standort bereits vertreten sind. Auch die (künftige) Patientenstruktur (Privat- bzw. Kassenpatienten) wird nicht eingehend analysiert. Überdies verfügen Ärzte oftmals über keine tragfähige Unternehmensplanung. Somit hat der Arzt zu Beginn seiner Tätigkeit keine näheren Erkenntnisse darüber, wie sich seine Praxis voraussichtlich entwickeln wird. Betriebswirtschaftliche Kenntnisse und unternehmerische Erfahrungen besitzt der Arzt zu Beginn seiner wirtschaftlichen Selbständigkeit zumeist keine. Zudem werden wichtige Planungsrechnungen, wie etwa eine Finanz- oder Investitionsplanung, nur selten erstellt, so dass eine (unerkannt) fristeninkongruente Finanzierung notwendiger Investitionen eine unvorteilhafte Finanzstruktur fördern und eine Zahlungsunfähigkeit herbeiführen kann. Nach den Erkenntnissen von VAN ZWOLL ET AL. neigt der praktizierende Arzt dazu, die wirtschaftliche Entwicklung seiner Praxis zu wenig zu beobachten. Er verschließt die Augen vor etwaigen finanziellen Engpässen und nimmt häufig Fehlinvestitionen in erheblichem Umfange vor. Auf eine wirtschaftlich angespannte Situation reagieren Ärzte häufig zu spät und auch erst dann, wenn die Hausbank aufgrund der unmittelbar drohenden Gefahr der Zahlungsunfähigkeit mit der Kündigung des Kreditengagements droht.

2. Übernahme von Vertragsarztsitzen

Eine MVZ-Krise könnte durch unrentable Praxisübernahmen herbeigeführt werden. Einige Medizinische Versorgungszentren verfolgen eine ausgeprägte Expansionsstrategie, die oft mit der Übernahme von (bestehenden Arztpraxen nebst diesen zugeordneten) Vertragsarztsitzen einhergeht.[63] Dem MVZ ist der „Erwerb" einer vertragsärztlichen Zulassung (und damit eine Vervielfachung des arzt- und praxisbezogenen Regelleistungsvolumens gem. § 87b II 2 SGB V) auf zwei Wegen möglich: Der bereits nieder-

---

[61] HARLFINGER, Freiberufler, S. 17.
[62] VAN ZWOLL ET AL., Arztpraxis, Rn 8 ff.
[63] Kaufgegenstand ist die Arztpraxis. Rechtlich ist weder die Zulassung noch der Vertragsarztsitz isoliert übertragbar. Hieran ändert auch der Wortlaut des § 103 IVa 2 SGB V nichts, der von der „Übernahme" des Vertragsarztsitzes spricht. Dazu ausführlich WIGGE in Wigge/von Leoprechting, Handbuch MVZ, S. 227 ff.

gelassene Arzt kann – unter Aufgabe seiner bisherigen, freiberuflichen Tätigkeit – eine Festanstellung im MVZ anstreben und dazu seine Zulassung in das Medizinische Versorgungszentrum einbringen. Die vertragsärztliche Zulassung des einbringenden Arztes wandelt sich in eine Zulassung als angestellter Arzt um. Ohne das Ausschreibungs- und Nachbesetzungsverfahren gem. § 103 IV SGB V zu durchlaufen, wird unmittelbar das MVZ Träger der sozialversicherungsrechtlichen Zulassung. Möchte der Arzt in das MVZ eintreten, ohne seinen Status als Vertragsarzt aufzugeben, so kann er auch lediglich seinen Vertragsarztsitz gem. § 24 VII Ärzte-ZV in das MVZ verlegen. Ein zweiter Weg für das MVZ, an der vertragsärztlichen Versorgung teilzunehmen, besteht in der Übernahme eines Vertragsarztsitzes gem. § 103 IVa 2 SGB V.[64]

Aus Sicht eines übernahmewilligen MVZ ist zumeist nicht die Praxis(ausstattung) des übertragenden Arztes von wirtschaftlichem Interesse, sondern – in gesperrten Zulassungsbezirken – der Vertragsarztsitz. In der Bereitschaft expansionsfreudiger MVZ, Kaufpreise zu entrichten, die den (Substanz-)Wert der übernommenen Praxiseinrichtung weit übertreffen, äußert sich die Erwartung künftiger Überschüsse.[65] Dieses als Geschäfts- oder Firmenwert bezeichnete Wertkonglomerat enthält zahlreiche Wertkomponenten (z. B. Know-how der Mitarbeiter, Kundenstamm, Wettbewerbsvorteile oder Managementqualität) und ergibt sich als Unterschiedsbetrag zwischen dem Kaufpreis einer Arztpraxis und dem Wert seines Nettovermögens.[66] Sofern das MVZ bilanzierungspflichtig ist,[67] werden erworbene Vertragsarztsitze gemäß des durch das Bilanzrechtsmodernisierungsgesetz[68] eingeführten § 246 I 4 HGB im Wege einer Fiktion zum zeitlich begrenzt nutzbaren Vermögensgegenstand erhoben, in der Bilanz als immaterielle Vermögensgegenstände ausgewiesen und nach § 253 III 1 und 2 HGB planmäßig über die betriebsgewöhnliche Nutzungsdauer abgeschrieben.[69] Bei voraussicht-

---

[64] Wigge in Wigge/von Leoprechting, Handbuch MVZ, S. 225.
[65] Zur Unternehmensbewertung nach dem Ertragswertverfahren ausführlich Peemöller/Kunowski in Peemöller, Unternehmensbewertung, S. 265 ff.
[66] Wulf/Sackbrook in Haufe HGB Kommentar § 266 Rn 24.
[67] Die handelsrechtliche Bilanzierungspflicht für MVZ in der Rechtsform einer juristischen Person des Privatrechts resultiert aus den §§ 6, 242 I 1, 264 I 1 HGB. § 5 I 1 EStG überträgt diese Verpflichtung in das Steuerrecht (sog. Maßgeblichkeitsprinzip). § 141 AO begründet ferner eine originäre steuerliche Verpflichtung zur Führung von Büchern und zur Aufstellung regelmäßiger Abschlüsse. Auch Freiberufler können, wenn ihre Tätigkeit durch den umfangreichen Einsatz personeller und technischer Hilfsmittel ein gewerbliches Gepräge annimmt, als Dienstleistungsunternehmer i. S. v. § 1 II HGB handelsrechtlich rechnungspflichtig werden, Förschle/Kropp in Budde et al., Sonderbilanzen, B Rn 7.
[68] Gesetz zur Modernisierung des Bilanzrechts (BilMoG), G. v. 25.05.2009, BGBl. I S. 1102.
[69] Einblick in die Bilanzierungspraxis publizitätspflichtiger MVZ gewährt bspw. www.unternehmensregister.de. Nach Eingabe von „MVZ" in die Maske werden Jahresabschlüsse zahlreicher MVZ in der Rechtsform einer GmbH aus den Geschäftsjahren 2006 bis 2010 angezeigt. Zu den Analysemöglichkeiten auf der Grundlage von Jahresabschlussinformationen grundlegend Grenz, Dimension und Typen der Unternehmenskrise, S. 101 ff. Darstel-

lich dauernder Wertminderung sind zwingend außerplanmäßige Abschreibungen auf den niedrigeren beizulegenden Wert vorzunehmen, § 253 III 3 HGB. Ein solcher Anlass zur außerplanmäßigen Abschreibung des aktivierten derivativen Firmenwerts in Form erworbener Kassenarztsitze könnte vorliegen, wenn das Bundesministerium für Gesundheit gem. § 87 VII 3 SGB V dem Deutschen Bundestag bis zum 30. Juni 2012 (positiv) berichtet, dass für den Bereich der ärztlichen Versorgung auf die Steuerung des Niederlassungsverhaltens durch Zulassungsbeschränkungen verzichtet werden kann. Ein Wegfall von Zulassungsbeschränkungen würde sich unmittelbar auf den Wert bestehender Arztpraxen auswirken.[70] Dies ist jedenfalls für Praxen anzunehmen, denen ein vergleichsweise hoher Goodwill zugemessen wird – insbesondere also Praxen in bevorzugten Lagen von Ballungsgebieten. Die gesetzliche Pflicht zur Vornahme außerplanmäßiger Abschreibung des derivativen Firmenwerts könnte zur Ausweisung eines durch Eigenkapital nicht mehr gedeckten Fehlbetrags führen und bei juristischen Personen die Überschuldung gem. § 19 II InsO zur Folge haben.

3. Vernachlässigung der vertragsärztlichen Fortbildungspflicht

Ein Vertragsarzt ist gemäß § 95d I 1 SGB V verpflichtet, sich in dem Umfang fachlich fortzubilden, wie es zur Erhaltung und Fortentwicklung der zu seiner Berufsausübung in der vertragsärztlichen Versorgung erforderlichen Fachkenntnisse notwendig ist. Gegenüber der Kassenärztlichen Vereinigung hat der Vertragsarzt alle fünf Jahre die entsprechenden Nachweise über die Erfüllung der sozialrechtlichen Fortbildungspflicht zu erbringen, § 95d III 1 SGB V. Erbringt der Vertragsarzt diesen Fortbildungsnachweis nicht oder nicht vollständig, so ist die Kassenärztliche Vereinigung nach § 95d III 4 SGB V zur Honorarkürzung um 10 v. H. für die ersten vier Quartale, danach um 25 v. H. verpflichtet.

---

lung neuerer, computergestützter Verfahren der statischen Insolvenzprognose auf der Basis von Jahresabschlüssen bei Bitz/Schneeloch/Wittstock, Der Jahresabschluss, S. 656 ff.

[70] Zur Frage, ob im Rahmen der *steuerrechtlichen* Bilanzierung einer Vertragszahnarztzulassung als immaterielles Wirtschaftsgut eine Teilwertabschreibung nach § 6 I Nr. 1 S. 2 EStG zulässig ist, da ab 01.04.2007 die Zulassungsbeschränkungen für Zahnärzte aufgehoben wurden und mit der kassenärztlichen Zulassung insoweit kein verwertbarer wirtschaftlicher Vorteil mehr verbunden ist vgl. OFD Frankfurt, Verfügung v. 04.06.2008, S 2134 a A - 7 - St 210. Der BFH hatte sich mit der Frage zu befassen (VIII R 13/08), ob der mit einer Vertragsarztzulassung verbundene wirtschaftliche Vorteil ein gesondert zu bewertendes Wirtschaftsgut ist oder ob es sich um einen wertbildenden Faktor des Wirtschaftsgutes „Praxiswert" im Rahmen des Gesamtkaufpreises handelt. Die Vorinstanz, FG Rheinland-Pfalz, Entscheidung v. 09.04.2008, 2 K 2649/07, sah die Kassenzulassung als nicht einzeln bewertbares Wirtschaftsgut an.

Auf die Situation eines MVZ übertragen bedeutet diese Regelung, dass dessen gesamtes Honorar zu reduzieren ist, wenn nur einer der dort tätigen Ärzte der sozialversicherungsrechtlichen Fortbildungspflicht nicht vorschriftsmäßig nachkommt. Dies kann zu erheblichen Einschränkungen der Innenfinanzierungsmöglichkeiten des Zentrums und zur Zahlungsunfähigkeit führen.

4. Regressforderungen infolge von Wirtschaftlichkeits- und Plausibilitätsprüfungen

Nach dem sog. Wirtschaftlichkeitsgebot gemäß der §§ 2 IV, 12 I SGB V müssen die gegenüber gesetzlich Versicherten erbrachten Leistungen zweckmäßig und wirtschaftlich sein; das Maß des Notwendigen dürfen sie nicht überschreiten. Ziel der Honorarprüfung ist die nachträgliche Überprüfung der Einhaltung der Grundsätze der Wirtschaftlichkeit durch die Krankenkassen und die Kassenärztliche Vereinigung. Das Gesetz regelt in § 106 SGB V (i. V. m. der jeweiligen Prüfvereinbarung) zunächst die Wirtschaftlichkeitsprüfung. Dabei werden im Einzelnen vier Arten unterschieden: Richtgrößenprüfung, Zufälligkeitsprüfung, Durchschnittsprüfung und Einzelfallprüfung. Ziel der Plausibilitätskontrolle nach § 106a SGB V ist die Aufdeckung von Abrechnungsmanipulationen in der vertragsärztlichen Honorarabrechnung, wobei die Krankenkassen gemäß Abs. 3 a.a.O. die Abrechnungen insbesondere hinsichtlich des Bestehens und des Umfangs der Leistungspflicht, der Plausibilität von Art und Umfang der abgerechneten Leistungen oder der vom Versicherten zu zahlenden Zuzahlung prüfen.

Für die durch unwirtschaftliches Handeln bzw. betrügerische Falschabrechnung verursachten Mehraufwendungen wird der Vertragsarzt durch Regressbescheid finanziell persönlich in Anspruch genommen. Diese auch für Medizinische Versorgungszentren geltenden Regelungen können zu schmerzhaften Honorarrückforderungen und damit auch zur Liquiditätskrise führen.

5. Auswirkungen das geplanten Versorgungsstrukturgesetzes

Im Koalitionsvertrag zur 17. Legislaturperiode zwischen CDU, CSU und FDP wird unter Ziff. 9 die Freiberuflichkeit der ärztlichen Tätigkeit als tragendes Prinzip unserer Gesundheitsversorgung besonders hervorgehoben. Die Koalitionspartner kündigen Änderungen im Zulassungsrecht Medizinischer Versorgungszentren dahingehend an, dass Geschäftsanteile künftig nur von zugelassenen Ärzten sowie Krankenhäusern gehalten werden können.[71]

Der Referentenentwurf[72] vom 10.06.2011 zum Gesetz zur Verbesserung der Versorgungsstrukturen in der gesetzlichen Krankenversicherung (GKV-Versorgungsstrukturgesetz) konkretisiert die Vorstellungen der gegenwärtigen Koalitionspartner im Hinblick auf Änderungen im MVZ-Rechts. So soll die in § 95 I 6 SGB V enthaltene Regelung, wonach die Medizinischen Versorgungszentren sich aller zulässigen Organisationsformen bedienen können und von allen Leistungserbringern, die aufgrund von Zulassung, Ermächtigung oder Vertrag an der medizinischen Versorgung der Versicherten teilnehmen, gegründet werden können, gestrichen werden. Künftig soll die Errichtung Medizinischer Versorgungszentrum nur zugelassenen Vertragsärzten, zugelassenen Krankenhäusern und gemeinnützigen Trägern, die aufgrund von Zulassung oder Ermächtigung an der vertragsärztlichen Versorgung teilnehmen, erlaubt sein. Bereits zugelassene MVZ genießen zwar Bestandsschutz, deren Zulassung ist aber zu entziehen, wenn die Gründungsvoraussetzungen nach § 95 I 6 2. HS SGB V länger als sechs Monate nicht mehr vorliegen.

Nachteilig für Medizinische Versorgungszentren könnten sich auch die geplanten Änderungen in der Nachbesetzung von Vertragsarztsitzen auswirken. § 103 IVc 1 SGB V - E gibt den Kassenärztlichen Vereinigungen ein nicht übertragbares gesetzliches Vorkaufsrecht im Rahmen von Nachbesetzungsverfahren. Überdies gewährt § 103 IVd 3 SGB V - E den Ärzten ein Vorkaufsrecht gegenüber einem MVZ, bei dem die Mehrheit der Geschäftsanteile und Stimmrechte nicht Ärzten zusteht. Diese Regelungen dürften zu einer Beschneidung der Expansionsbedürfnisse kapitalisierter, also nicht vordergründig ärztlich getragener MVZ führen. Hieran ändert auch der eingeräumte Bestandsschutz für bereits zugelassene MVZ nichts.

---

[71] Download unter http://www.cdu.de/doc/pdfc/091026-koalitionsvertrag-cducsu-fdp.pdf; zuletzt aufgerufen am 14.06.2011, 11:15 Uhr.
[72] Download unter http://www.bmg.bund.de/fileadmin/dateien/Downloads/Gesetze_und_Verordnungen/Laufende_Verfahren/V/10_06_11_Referentenentwurf_Versorgunsgesetz.pdf.

6. Sonstige Krisenursachen

In Bezug auf die für MVZ relevanten Krisenursachen ist im Übrigen auf die Insolvenzgründe für die Insolvenz freiberuflicher Ärzte hinzuweisen. So betont VALLENDER besonders das gesteigerte Konsumverhalten, Missmanagement, steuerrechtliche Probleme[73] oder Investitionen, die weit über die Ertragsfähigkeit einer Arztpraxis hinausgehen.[74] Auf weitere Gefahren für die Unternehmensexistenz machen VAN ZWOLL ET AL. aufmerksam: Spekulationsgeschäfte, Scheitern der Ehe, Gesundheitsreformen, Änderungen der Vergütungsvorschriften, übersteigertes Konsumverhalten von Ärzten, neue medizinische Methoden oder wegfallende Leistungen.[75]

IV. Stellungnahme

Der Fortbestand eines MVZ ist zunächst bedroht durch allgemeine (wirtschaftliche) Faktoren, die auch „normale" Unternehmen gefährden können, wobei endogene Krisenursachen (z. B. fehlerhafte Unternehmensleitung, falsche Standortwahl, unklare und unübersichtliche Aufbau- und Ablauforganisation, unangemessener Führungsstil, mangelhafte oder fehlende Finanz- und Ertragsplanung, ungünstige Belegschaftsstruktur, Qualifikations- und Motivationsdefizite) gegenüber exogenen Krisenursachen (z. B. Konjunkturschwankungen, sinkende reale Kaufkraft, Absenkung von Markteintrittsbarrieren, neue Technologien) dominieren.

Medizinische Versorgungszentren sind als „Erfindung" des sozialrechtlichen Gesetzgebers besonders auch künftigen Korrekturen des – gesundheitspolitisch beeinflussten – Vertragsarztrechts ausgesetzt. Hat der Vertragsarzt vielleicht noch die Möglichkeit, die als unvorteilhaft empfundenen Änderungen auszugleichen, indem er sich verstärkt auf die Behandlung von Privatpatienten konzentriert, ist dieser Ausweg zumindest dem GmbH-MVZ im Hinblick auf § 4 II 1 der Musterbedingungen der privaten Krankenversicherungen (MB/KK), der die Wahl der privat Krankenversicherten auf die niedergelassenen approbierten Ärzte beschränkt, möglicherweise versperrt.[76]

---

[73] Insbesondere die Einschränkung von Verlustverrechnungsmöglichkeiten, VALLENDER in FS Fischer, S. 535. Auch RUNKEL weist darauf hin, dass paradoxerweise in erster Linie diejenigen Ärzte von der Insolvenz betroffen sind, die lange Zeit gut verdienten. RUNKEL führt diesen Befund darauf zurück, dass diese Ärzte Opfer „tüchtiger" Berater wurden, die ihnen Steuersparmodelle andienten, RUNKEL, ZVI 2007, 45.
[74] VALLENDER, FS Fischer, S. 535. Ähnlich HESS/RÖPKE, NZI 2003, 233.
[75] VAN ZWOLL ET AL., Arztpraxis, Rn 16-59.
[76] Im Einzelnen dazu SCHLUND in Laufs/Kern, Arztrecht, § 18 Rn 17. Siehe dazu auch unten F.I.1.

C. Ablauf eines Insolvenzverfahrens

Nachfolgend wird der Ablauf eines Insolvenzverfahrens in seinen Grundzügen dargestellt.

I. Eröffnungsvoraussetzungen

Das Insolvenzverfahren wird nur bei Vorliegen der gesetzlichen Voraussetzungen eröffnet.

1. Insolvenzfähigkeit

Formelle Voraussetzung für die Eröffnung eines Insolvenzverfahrens über das Vermögen eines Schuldners ist zunächst dessen Insolvenzfähigkeit[77].[78] In den §§ 11 und 12 InsO werden abschließend diejenigen Rechtsträger aufgeführt, über deren Vermögensmassen nach der deutschen Rechtsordnung überhaupt Insolvenzverfahren stattfinden können. Hierbei ist der Begriff der Insolvenzfähigkeit vermögensbezogen zu verstehen. Erst in zweiter Linie geht es darum, wer Subjekt des Insolvenzverfahrens sein kann.[79] Es ist möglich, dass ein Rechtsträger Schuldner in mehreren Insolvenzverfahren ist.[80]

Ist der MVZ-Träger eine natürliche Person, so ist diese insolvenzrechtsfähig, § 11 I 1 InsO. Ebenso kann über das Vermögen eines MVZ, dessen Rechtsträgerin eine juristische Person des Privatrechts ist, ein Insolvenzverfahren durchgeführt werden, a.a.O.[81]

---

[77] Zutreffender ist der Begriff „Insolvenzverfahrensteilnahmefähigkeit", so BECKER, Insolvenzrecht, § 7 Rn 284.
[78] FA-InsR/HEFERMEHL Kap. 1 Rn 103. Insolvenzfähigkeit tritt an die Stelle der Parteifähigkeit des § 50 ZPO, FK-InsO/SCHMERBACH § 11 Rn 1. Zur Abgrenzung von Insolvenzfähigkeit und Prozessfähigkeit vgl. Braun/BUßHARDT InsO § 11 Rn 3. Insolvenzfähigkeit geht über Prozessfähigkeit hinaus, so UHLENBRUCK/GUNDLACH, Insolvenzrechts-Handbuch § 5 Rn 2. Letzteres betont der historische Gesetzgeber, indem er – insbesondere in Bezug auf die Insolvenzfähigkeit der BGB-Gesellschaft – ausführt: „Mit der Möglichkeit eines Insolvenzverfahrens über das Gesellschaftsvermögen [einer GbR] ist nicht automatisch die passive Parteifähigkeit der Gesellschaft bürgerlichen Rechts verbunden. Gerade der Vergleich zum nichtrechtsfähigen Verein verdeutlicht, daß allein die Möglichkeit der Eröffnung eines Insolvenzverfahrens nicht die Parteifähigkeit bedingt.", vgl. BT-Drucks. 12/7302, S. 156.
[79] UHLENBRUCK/GUNDLACH, Insolvenzrechts-Handbuch § 5 Rn 1 f.
[80] Z.B. im Partikularinsolvenzverfahren (§ 354 InsO) oder Sekundärinsolvenzverfahren (§ 356 InsO). Auch bei Freigabe einer selbständigen Tätigkeit durch den Insolvenzverwalter gemäß § 35 II InsO wird ein Sondervermögen gebildet, über welches ein Insolvenzverfahren eröffnet werden kann, AG Hamburg, Beschl. v. 18.06.2008, 67g IN 37/08, ZInsO 2008, 680; AG Göttingen, Beschl. v. 26.02.2008, 74 IN 304/07, NZI 2008, 313; BGH, Beschl. v. 03.07.2008, IX ZB 182/07, ZInsO 2008, 924. Zum Diskussionsstand über die Zulässigkeit von Zweitinsolvenzverfahren bei bereits eröffnetem Verfahren vgl. FK-InsO/SCHMERBACH § 13 Rn 42 a bis 42 s.
[81] FA-InsR/HEFERMEHL Kap. 1 Rn 111-115 m.w.N.

MVZ-Träger, die sich der Rechtsform einer BGB-Gesellschaft oder einer Partnerschaftsgesellschaft bedienen, sind als „Gesellschaft ohne Rechtspersönlichkeit" insolvenzrechtsfähig, § 11 II Nr. 1 InsO.[82]

2. Insolvenzgrund

Weitere Voraussetzung für die Eröffnung des Insolvenzverfahrens durch das Gericht[83] ist nach § 16 InsO das Vorliegen eines Insolvenzgrundes.[84] Die deutsche Insolvenzordnung normiert drei Insolvenzauslöser. Allgemeiner Eröffnungsgrund ist die Zahlungsunfähigkeit, § 17 I InsO, die nach der Legaldefinition in § 17 II InsO vorliegt, wenn der Schuldner nicht in der Lage ist, seine fälligen[85] Zahlungsverpflichtungen zu erfüllen.[86] Eine lediglich vorübergehende Zahlungsstockung begründet keine Zahlungsunfähigkeit.[87] Insolvenzgrund kann ferner die in § 18 InsO geregelte drohende Zahlungsunfähigkeit sein. Danach droht ein Schuldner zahlungsunfähig zu werden, wenn er voraussichtlich nicht in der Lage sein wird, die bestehenden Zahlungspflichten zum Zeitpunkt

---

[82] FA-InsR/Hefermehl Kap. 1 Rn 121-131 m.w.N.
[83] Sachlich zuständig ist das Amtsgericht, in dessen Bezirk ein Landgericht seinen Sitz hat, § 3 InsO. Die örtliche Zuständigkeit richtet sich gemäß § 3 I 1 InsO nach dem Ort des allgemeinen Gerichtsstands des Schuldners. Die Regelung in § 3 I 2 InsO, wonach dasjenige Gericht örtlich zuständig ist, an dem der selbständige Schuldner seiner wirtschaftlichen Tätigkeit nachgeht, dürfte in der Insolvenzpraxis im Hinblick auf die Residenzpflicht des Vertragsarztes (§ 24 I Ärzte-ZV) eine nur untergeordnete Rolle spielen. Ein bei einem örtlich nicht zuständigen Gericht gestellter Insolvenzantrag birgt für den organschaftlichen Vertreter eine haftungsbeschränkten Gesellschaft die Gefahr einer Strafbarkeit nach § 15 a IV, V InsO, Vallender in Schmidt/Uhlenbruck, GmbH in Krise, Rn 5.203. Über den Eröffnungsantrag entscheidet der Richter, § 18 I Nr. 1 RpflG. Im Übrigen sind durch § 3 Nr. 2 e RpflG im Wesentlichen dem Rechtspfleger die mit der Durchführung des gerichtlichen Insolvenzverfahrens verbundenen Aufgaben übertragen worden.
[84] Zum Insolvenzgrund als Rechtfertigung von Eingriffen in das Schuldnervermögen und in Gläubigerpositionen (vgl. §§ 85-89, 129 ff. InsO) ausführlich Uhlenbruck/Gundlach, Insolvenzrechts-Handbuch § 6 Rn 1 ff.
[85] Im Sinne von § 271 BGB. Stundungen beseitigen die Fälligkeit, FK-Inso/ Schmerbach § 17 Rn 13-17 m.w.N.
[86] Zur Feststellung der Zahlungsunfähigkeit ausführlich FK-Inso/Schmerbach § 17 Rn 35 f.; Uhlenbruck/Gundlach, Insolvenzrechts-Handbuch § 6 Rn 13-16. Ausführliche Darstellungen bei Hess, Sanierungshandbuch, Kap. 17 Rn 176-187; Knecht in Hommel et al., Unternehmensrestrukturierung, S. 743 ff. Fällige Forderungen bleiben bei der Prüfung der Zahlungsunfähigkeit nur außer Betracht, sofern sie mindestens rein tatsächlich – also auch ohne rechtlichen Bindungswillen – gestundet sind, BGH, Urt. v. 14.05.2009, IX ZR 63/08, DZWIR 2010, 68 – mit Anmerkungen Thiemann/Schulz. Den Liquiditätsplan im Insolvenzverfahren behandelt Staufenbiel, ZInsO 2010, 2059-2068.
[87] Ein Schuldner, der sich kurzfristig die erforderliche Liquidität beschaffen kann, ist im Sinne der Vorschrift „in der Lage, die fälligen Zahlungspflichten zu erfüllen", vgl. BT-Drucks. 12/2443, S. 114 – Zu § 20 und 21. Die Abgrenzung von Zahlungsunfähigkeit und Zahlungsstockung erfolgt durch den BGH, Urt. v. 24.05.2005, IX ZR 123/04, BGHZ 163, 134 = NZI 2005, 547 = ZInsO 2005, 807 = NJW 2005, 3062 = ZIP 2005, 1426 = WM 2005, 1468, wonach Zahlungsunfähigkeit des Schuldners zu vermuten ist, wenn dieser nicht in der Lage ist, seine fälligen Zahlungspflichten binnen einer Frist von maximal drei Wochen zumindest in Höhe von 90 % zu erfüllen. Dies gilt jedoch ausnahmsweise nicht, wenn mit an Sicherheit grenzender Wahrscheinlichkeit zu erwarten ist, dass die Liquiditätslücke demnächst (fast) vollständig beseitigt werden kann und den Gläubigern ein Zuwarten nach den Besonderheiten des Einzelfalls zuzumuten ist. Ausführlich zur Ermittlung der Zahlungsunfähigkeit Haarmeyer/Wutzke/Förster, Handbuch vorl. Verwaltung, § 8 Rn 53-65. Zur Abgrenzung von Zahlungsstockung und Zahlungsunfähigkeit siehe auch Kamm/Köchling, ZInsO, 2006, 732.

der Fälligkeit zu erfüllen. Die Konkursordnung[88] kannte diesen Insolvenzgrund nicht. Der insolvenzrechtliche Gesetzgeber wollte mit der Neueinführung dieses Grundes für die Eröffnung eines Insolvenzverfahrens dem Schuldner[89] die Möglichkeit schaffen, bei einer sich deutlich abzeichnenden Insolvenz bereits vor ihrem Eintritt verfahrensrechtliche Gegenmaßnahmen einzuleiten.[90] In Abgrenzung zur (eingetretenen) Zahlungsunfähigkeit nach § 17 InsO werden bei der Ermittlung der (lediglich) bevorstehenden Zahlungsunfähigkeit auch diejenigen Zahlungspflichten des Schuldners in die Betrachtung einbezogen, die schon bestehen, aber noch nicht fällig sind.[91] Schließlich ist bei einer juristischen Person auch die Überschuldung ein Insolvenzgrund, § 19 InsO. Diese liegt vor, wenn das Vermögen des Schuldners die bestehenden Verbindlichkeiten nicht mehr deckt, es sei denn, die Fortführung des Unternehmens ist nach den Umständen überwiegend wahrscheinlich.[92] Bei einer positiven Fortführungsprognose[93] des Unternehmens soll gemäß § 19 II InsO in der Fassung von Art. 5 FMStG[94] die Überschuldung[95] als Insolvenzauslöser entfallen, wobei der Gesetzgeber die Frage unbeantwortet ließ, wie die positive Fortführungsprognose erstellt werden soll. Der Ansatz, in der Bewertung generell auf eine positive Fortführungsprognose abzustellen und damit von

---

[88] Gemäß Art. 2 Nr. 4 i.V.m Art. 110 EGInsO v. 05.10.1994, BGBl. I S. 2911, wurde die Konkursordnung mit Wirkung vom 01.01.1999 aufgehoben.

[89] Gläubiger können ihren Fremdantrag nicht auf drohende Zahlungsunfähigkeit stützen, § 18 I InsO.

[90] BT-Drucks. 12/2443, S. 114 – Zu § 22 Drohende Zahlungsunfähigkeit.

[91] BT-Drucks. 12/2443, a.a.O. Zur Feststellung der drohenden Zahlungsunfähigkeit vgl. Uhlenbruck/Gundlach, Insolvenzrechts-Handbuch § 6 Rn 18-20; ausführlicher bei Hess, Sanierungshandbuch, Kap. 17 Rn 265-271.

[92] Zum Überschuldungsbegriff in der aktuellen, bis Ende 2013 geltenden Fassung und dem in der Fassung ab 01.01.2014 vgl. Uhlenbruck/Gundlach, Insolvenzrechts-Handbuch § 6 Rn 22-30; FA-InsR/Hefermehl Kap. 1 Rn 201 f, 248; Karsten Schmidt in Schmidt/Uhlenbruck, GmbH in Krise, Rn 5.56-5.76. Gem. Art. 6, III, 7 II FMStG tritt am 01.01.2011 (wieder) folgender Überschuldungsbegriff in Kraft: „Überschuldung liegt vor, wenn das Vermögen des Schuldners die bestehenden Verbindlichkeiten nicht mehr deckt. Bei der Bewertung des Vermögens des Schuldners ist jedoch die Fortführung des Unternehmens zugrunde zu legen, wenn diese nach den Umständen überwiegend wahrscheinlich ist."

[93] Teilweise wird im Schrifttum (zur Unternehmensrestrukturierung) der Begriff Fort*führung*sprognose i.S.v. § 252 I 2 HGB gebraucht (sogenannte Going-Concern-Prämisse) und somit abgegrenzt vom – insolvenzrechtlich geprägten, liquiditätsorientierten – Begriff Fort*bestehen*sprognose, vgl. IDW S 6 Rn 10-12.

[94] Gesetz zur Umsetzung eines Maßnahmenpakets zur Stabilisierung des Finanzmarktes (Finanzmarktstabilisierungsgesetz – FMStG) vom 17.10.2008, BGBl. I S. 1982, zuletzt geändert durch Art. 1 G. v. 24.09.2009, BGBl. I S. 3151.

[95] Der insolvenzrechtliche Überschuldungsbegriff ist abzugrenzen zur (1.) Verschuldung (Kapital wird von Dritten in Form von Krediten in das Unternehmen aufgenommen), (2.) zu Unterkapitalisierung (Missverhältnis zwischen Eigenkapital und Geschäftsumfang), (3.) zur Unterbilanz (Eigenkapital wird durch Verluste oder sonstige Eigenkapitalminderungen – nach Aufzehrung eines etwaigen Gewinnvortrags – geschmälert, wodurch das Grund- bzw. Stammkapital durch Reinvermögen (Summe der Aktiva abzüglich Gesamtschulden) nicht mehr gedeckt ist und (4.) bilanziellen Überschuldung (die Verbindlichkeiten des Unternehmens sind nicht mehr durch das – nach den Vorschriften der §§ 247 ff. HGB bewertete – Vermögen gedeckt); vgl. Smid/Leonhardt in LZS, InsO, § 19 Rn 15-17; Uhlenbruck/Uhlenbruck, § 19 InsO Rn 24-27. Zu unterscheiden ist ferner zwischen der rechnerischen Überschuldung (das Vermögen der – haftungsbeschränkten – Gesellschaft bei Ansatz von Liquidationswerten deckt die bestehenden Verbindlichkeiten nicht mehr) und der rechtlichen Überschuldung (der eigentliche Insolvenzauslöser), Uhlenbruck in Schmidt/Uhlenbruck, GmbH in Krise, Rn 5.111.

Fortführungswerten auszugehen, ist daher abzulehnen, weil damit die Überschuldung als Insolvenzgrund insgesamt entfiele.[96]

3. Insolvenzantrag

Dem Insolvenzverfahren geht ein Eröffnungsverfahren[97] voraus, das mit Eingang[98] eines Antrags beginnt.[99] Antragsberechtigt sind sowohl Gläubiger als auch Schuldner, § 13 I 2 InsO.[100] Solange das Gericht über den Antrag nicht entschieden hat, kann der Antragsteller darüber verfügen und ihn gegebenenfalls ohne Begründung wieder zurücknehmen, § 13 II InsO.[101] Um eine Einflussnahme auf das Insolvenzantragsverfahren durch den Antragsteller auszuschließen, kann dessen Eröffnungsantrag unter keine Bedingungen gestellt werden.[102] Die Antragstellung hat schriftlich zu erfolgen, § 13 I 1 InsO. Von Mitgliedern des Vertretungsorgans einer juristischen Person wird nach § 15 a IV InsO zudem ein „richtiger" Insolvenzantrag verlangt.

Der Antrag eines Gläubigers nach § 14 I InsO ist zulässig, wenn dieser ein rechtliches Interesse an der Eröffnung des Insolvenzverfahrens hat sowie seine Forderung und den Eröffnungsgrund glaubhaft macht. Insolvenzgläubiger ist, wer eine zum Zeitpunkt der Verfahrenseröffnung begründete persönliche Forderung gegen den Schuldner hat, § 38 InsO. Der Schuldner wird zum Gläubigerantrag gehört, §§ 14 II, 10 InsO.

---

[96] Uhlenbruck/UHLENBRUCK, § 19 InsO Rn 32.
[97] Der Ablauf des Eröffnungsverfahrens richtet sich, sofern der Antrag nicht als unzulässig zurückgewiesen wird, nach den §§ 20 bis 25 InsO. Das Eröffnungsverfahren ist ein Parteienstreit zwischen Antragsteller und Antragsgegner unter Herrschaft des Insolvenzgerichts, BGH, Beschl. v. 21.12.2006, IX ZB 129/05, ZInsO 2007, 206 Rn 8; siehe auch Hirte/UHLENBRUCK, Vor § 11 InsO Rn 1. Das Eröffnungsverfahren unterteilt sich in das Vorprüfungs- und Hauptprüfungsverfahren. Im Vorprüfungsverfahren wird zunächst die Zulässigkeit des Antrags geprüft. Hierdurch sollen irreparable Nachteile für den Schuldner bei einem unzulässigen (Gläubiger-)Antrag vermieden werden. Im daran anschließenden Hauptprüfungsverfahren prüft das Insolvenzgericht, ob ein Eröffnungsgrund besteht, vgl. FK-Inso/SCHMERBACH § 13 Rn 2 bis 5.
[98] Gem. §§ 4 InsO, 261 I, 253 I ZPO wird das Verfahren mit Eingang des Antrags bei Gericht dort anhängig; bei Eigenantrag wird es zugleich rechtshängig, Uhlenbruck/UHLENBRUCK, § 13 InsO Rn 31.
[99] Der Eröffnungsantrag ist die „Pforte zum Verfahren", BECKER, Insolvenzrecht, § 9 Rn 429. Eine Verfahrenseröffnung auf dem Amtsweg ist nach deutschem Recht ausgeschlossen, Uhlenbruck/UHLENBRUCK, § 13 InsO Rn 1. Dies „wäre mit der bestehenden Wirtschafts- und Privatrechtsordnung auch kaum vereinbar", BT-Drucks. 12/2443, S. 113 – Zu § 15 Eröffnungsantrag.
[100] Zum (jedenfalls beim Fremdantrag als zulässig erachteten) vertraglich vereinbarten Verzicht auf das Antragsrecht vgl. Uhlenbruck/UHLENBRUCK, § 13 InsO Rn 4 f.
[101] Nicht der Staat, sondern die Marktteilnehmer selbst haben darauf zu achten, ob sie oder ihre Partner noch marktteilnahmefähig sind, BECKER, Insolvenzrecht, § 6 Rn 192. Die Dispositionsmaxime der Zivilprozessordnung, vgl. §§ 269 I, 308 I 1 ZPO, findet über § 4 InsO Eingang in das Insolvenzeröffnungsverfahren. Die Grundsätze des Insolvenzverfahrens beschreibt u. a. BECKER in Becker, Insolvenzrecht, § 6.
[102] FA-InsR/MAIER Kap. 3 Rn 9. Zur Bedingungs- und Befristungsfeindlichkeit des Insolvenzantrags als Prozesshandlung vgl. BGH, Urt. v. 13.04.2006, IX ZR 158/05, ZIP 2006, 1262; AG Köln, Urt. v. 25.02.2000, NZI 2000, 284. Zu den Folgen der Rücknahme (insbes. zur Kostenfolge) s. FK-Inso/SCHMERBACH § 13 Rn 19-21.

Ist der Schuldner eine natürliche, uneingeschränkt geschäftsfähige und damit prozessfähige Person, so resultiert das Recht, Antrag auf Eröffnung eines Insolvenzverfahrens über sein eigenes Vermögen zu stellen, aus §§ 4 InsO, 51 I ZPO. Ist der Schuldner keine natürliche Person, bedarf die Befugnis zum Eigenantrag einer besonderen Regelung. Für die juristischen Personen und Gesellschaften ohne Rechtspersönlichkeit ist das Antragsrecht in § 15 InsO und die Antragspflicht[103] in § 15a InsO geregelt worden.

II. Verfahrensarten

Die Insolvenzordnung[104] bietet verschiedene Varianten an, nach denen über das Vermögen eines Schuldners das Insolvenzverfahren durchgeführt werden kann.

1. Abgrenzung zwischen den Verfahren

Grundmuster bildet das in den §§ 1 bis 303 InsO normierte Regelverfahren.[105] Daneben sind im Neunten Teil der Insolvenzordnung (§§ 304 bis 314 InsO) die Normen über das Verbraucherinsolvenzverfahren und die sonstigen Kleinverfahren niedergelegt. Beide Verfahrensarten sind so unterschiedlich ausgestaltet, dass sie sich wechselseitig ausschließen.[106] Fraglich ist, welches Verfahren auf ein insolventes MVZ anzuwenden ist. Das auf Unternehmen zugeschnittene Regelverfahren[107] ist das traditionelle Verfahren.[108] Es beginnt mit einem schriftlichen Antrag, wobei nur der Schuldner und dessen Gläubiger antragsberechtigt sind, § 13 I InsO. Es kommt zur Anwendung, sofern der Schuldner nicht den Sondervorschriften über das Verbraucherinsolvenzverfahren unterliegt.

Der persönliche Anwendungsbereich des Neunten Teils der Insolvenzordnung wird abschließend in § 304 InsO bestimmt.[109] Danach sind die Vorschriften über das Verbraucherinsolvenzverfahren zwingend[110] anzuwenden auf einen Schuldner, sofern er

---

[103] Bei Personengesellschaften besteht eine Antragspflicht nur, wenn kein persönlich haftender Gesellschafter eine natürliche Person ist, § 15a I 2 InsO. Im Übrigen besteht diese Pflicht nur bei Zahlungsunfähigkeit und Überschuldung, § 15a I 1 InsO, nicht jedoch bei drohender Zahlungsunfähigkeit oder drohender Überschuldung.
[104] G. v. 05.10.1994 (BGBl. I S. 2866), zuletzt geändert durch Art. 8 VII G v. 29.7.2009 (BGBl. I S. 2355).
[105] Vgl. Becker, Insolvenzrecht, § 4 Rn 142.
[106] OLG Köln, Urt. v. 08.09.2000, ZIP 2000, 1732, 1734.
[107] Auch als Regelinsolvenzverfahren oder reguläres Insolvenzverfahren bezeichnet.
[108] „Grundfall", so BT-Drucks. 14/5680 S. 14.
[109] Vgl. FK-Inso/Kothe § 304 Rn 2 f.
[110] Ein Wahlrecht zwischen beiden Verfahren besteht nicht, FK-Inso/Kothe § 304 Rn 2 f.

eine natürliche Person im Sinne der §§ 1 ff. BGB ist und keine (nennenswerte) selbständige wirtschaftliche Tätigkeit ausübt oder ausgeübt hat, § 304 I 1 InsO.[111] Seit der Neufassung § 304 InsO durch das Gesetz zur Änderung der Insolvenzordnung und anderer Gesetze (InsOÄndG)[112] unterfallen ehemalige oder noch selbständige Kleinunternehmer nicht mehr dem Verbraucher-, sondern dem Regelinsolvenzverfahren.[113] Schuldner, die eine geringfügige selbständige wirtschaftliche Tätigkeit ausgeübt haben, sind davon ausgenommen. Der Gesetzgeber begründet deren Einbeziehung in das Verbraucherinsolvenzverfahren mit der Ähnlichkeit ihrer Verschuldungsstruktur zu der von Verbrauchern. Voraussetzung ist allerdings die Überschaubarkeit der Vermögensverhältnisse des vormaligen Kleinunternehmers und das Fehlen von Verbindlichkeiten aus (früheren) Arbeitsverhältnissen.[114] Die Überschaubarkeit der Vermögensverhältnisse ist jedenfalls zu verneinen, wenn der Schuldner zum Zeitpunkt der Antragstellung mehr als 19 Gläubiger hat, § 304 II InsO. Aber auch bei einer geringeren Gläubigeranzahl kann Unüberschaubarkeit gegeben sein, namentlich bei komplizierten Anfechtungssachverhalten.[115]

2. Das für den MVZ-Träger zutreffende Verfahren

Gerät ein MVZ in die Krise und stellt dessen vertretungsberechtigtes Organ einen Insolvenzantrag, so würde das Gericht bei der Ermittlung der zulässigen Verfahrensart regelmäßig das Regelverfahren anordnen. Das MVZ in der Rechtsform einer juristische Person des deutschen Privatrechts ist vom persönlichen Anwendungsbereich der §§ 304 ff. InsO nicht erfasst. Das gleiche ist der Fall, wenn das MVZ als BGB- oder Partnerschaftsgesellschaft auftritt.[116] Die Tätigkeit der (insolventen) Gesellschaft, ist, wie die enge Verklammerung von Gesellschaftsinsolvenz und Gesellschafterhaftung in §§ 93, 227 InsO zeigt, dem persönlich haftenden Gesellschafter zuzurechnen.[117] Mitgesell-

---

[111] Viniol in Beck/Depré, Praxis der Insolvenz, § 42 Rn 10. Nach dem Beschluss des BGH v. 24.03.2011, IX ZB 80/11, gilt der Grundsatz, wonach ein Schuldner auch dann unter die Vorschriften des Regelinsolvenzverfahrens fällt, wenn er neben einer abhängigen Beschäftigung einer wirtschaftlich selbständigen Tätigkeit nachgeht, nur dann, wenn die Nebentätigkeit einen nennenswerten Umfang erreicht und sich organisch verfestigt hat.
[112] G v. 26.10.2001 (BGBl. I S. 2710).
[113] BT-Drucksache 14/5680, S. 30.
[114] Ebda.
[115] BGH, Urt. v. 12.02.2009 – IX ZB 215/08, ZInsO 2009, 682, 684.
[116] BGB-Gesellschaft und Partnerschaftsgesellschaft sind, wie ausgeführt, als „Gesellschaften ohne Rechtspersönlichkeit" insolvenzfähig, vgl. § 11 II Nr. 2 InsO.
[117] Uhlenbruck/Vallender § 304 Rn 12 mit Hinweis auf BGH, Urt. V. 29.09.2005, IX ZB 55/04, NZI, 2005, 676.

schafter einer Gesellschaft bürgerlichen Rechts unterliegen im Insolvenzfall den Normen über das Regelverfahren.

Anders könnte hingegen die Beantwortung der Frage nach der richtigen Verfahrensart ausfallen, wenn der MVZ-Träger eine natürliche Person ist. Der Gesetzgeber geht, wie aus der Gesetzesbegründung hervorgeht,[118] wohl selbstverständlich davon aus, dass der Träger eines MVZ eine Gesellschaft ist. Nach dem Gesetzestext ist aber nicht ausgeschlossen, dass eine einzelne natürliche Person Träger eines MVZ sein kann, soweit alle übrigen Gründungsvoraussetzungen erfüllt sind.[119] Sofern der MVZ-Träger noch keine neue selbständige Tätigkeit aufgenommen hat und dessen Vermögensverhältnisse übersichtlich sind im Sinne von § 304 I 2, II InsO, so wäre er dem Personenkreis zuzuordnen, auf den die Vorschriften des Verbraucherinsolvenzverfahrens Anwendung finden. Entsprechendes ist anzunehmen bei einem MVZ-Gesellschafter, der infolge der Insolvenz des Versorgungszentrums selbst in eine wirtschaftliche Krise geraten ist und seinerseits ein Insolvenzverfahren anstrebt.

3. Vor- und Nachteile der jeweiligen Verfahrensart für den insolventen MVZ-Träger

Ist der MVZ-Träger eine natürliche Person, so kann er in gewissem Umfang Einfluss auf die Verfahrensart nehmen, namentlich dadurch, dass er zum Zeitpunkt der Antragstellung (k)eine selbständige Tätigkeit ausübt.[120] Welche Verfahrensart – aus der Sicht des Schuldners – die „bessere" ist, lässt sich nicht verallgemeinern: Strebt der Schuldner eine sofortige Antragstellung an, so spricht dies zunächst für das Regelverfahren, das lediglich den Eingang eines schriftlichen[121] Eröffnungsantrags beim örtlich zuständigen Amtsgericht verlangt, §§ 2, 3, 13 I InsO. Einer Glaubhaftmachung des Eröffnungsgrundes[122] bedarf es im Falle des Eigenantrags[123] – im Gegensatz zum Fremdantrag[124] –

---

[118] BT-Drucks. 15/1525, S. 107.
[119] KONERDING, Vertragsarztsitz im MVZ, S. 63.
[120] Regelmäßig werden gegen den Schuldner Forderungen aus (früheren) Arbeitsverhältnissen bestehen, so dass nur das Regelinsolvenzverfahren in Betracht kommt, § 304 I 1 a.E. InsO.
[121] Für den Antrag auf Eröffnung eines Verbraucherinsolvenzverfahrens gilt Formularzwang, vgl. § 305 I Nr. 1-4 InsO.
[122] Allgemeiner Insolvenzgrund ist gem. § 17 InsO die Zahlungsunfähigkeit. Bei Eigenantrag ist auch die drohende Zahlungsunfähigkeit Eröffnungsgrund, § 18 I InsO. Bei einer juristischen Person ist nach § 19 InsO ferner die Überschuldung Eröffnungsgrund. Dies gilt entsprechend, wenn bei einer Gesellschaft ohne Rechtspersönlichkeit kein persönlich haftender Gesellschafter eine natürliche Person ist, § 19 III InsO.
[123] Antrag des Schuldners.

grundsätzlich nicht.[125] Das Regelverfahren setzt keinen (zeitaufwendigen) außergerichtlichen Einigungsversuch voraus. Für den Eigenantrag auf Eröffnung eines Verbraucherinsolvenzverfahrens gemäß § 305 I Nr. 1 InsO hingegen wird der Nachweis über das Scheitern eines außergerichtlichen Einigungsversuchs mit allen Gläubigern innerhalb der letzten sechs Monate vor Antragstellung unter Einschaltung einer geeigneten Person oder Stelle vorausgesetzt.

Steht für den Schuldner der sofortige Antrag nicht im Vordergrund, so ist das Verbraucherinsolvenzverfahren vorzuziehen. Dieses setzt, wie angeführt, einen außergerichtlichen Einigungsversuch voraus, der in der Praxis zumeist scheitert; generell sollte der Schuldner die Chance auf eine einvernehmliche vertragliche Regelung mit seinen Gläubigern nicht ungenutzt lassen, die im Einzelfall[126] durchaus möglich ist und Insolvenz- und Restschuldbefreiungsverfahren entfielen.

Für das Verbraucherinsolvenzverfahren sprechen die geringeren Verfahrenskosten, die hauptsächlich aus Gerichtskosten und der Vergütung für den Treuhänder bestehen, die im Vergleich zum Insolvenzverwalter aber erheblich niedriger ausfällt, § 13 I 1 InsVV. Die ist für denjenigen Schuldner von Bedeutung, der, wenn er eine natürliche Person ist, die Restschuldbefreiung anstrebt. Das Restschuldbefreiungsverfahren nach §§ 286 ff. InsO setzt die Durchführung eines Insolvenzverfahrens über das Vermögen der Person voraus, die Restschuldbefreiung beantragt hat[127], es sei denn, der Antrag auf Eröffnung des Insolvenzverfahrens wurde wegen des Fehlens einer kostendeckenden Masse gemäß § 26 I 1 InsO abgewiesen.

Die im Rahmen eines (Verbraucher- oder Regel-)Insolvenzverfahrens[128] anfallenden Kosten können dem Schuldner unter den Voraussetzungen des § 4a InsO auf Antrag gestundet werden.

Das Regelinsolvenzverfahren bietet jedoch die bereits in § 1 S. 1 Alt. 2 InsO angesprochene Möglichkeit, Gläubiger durch Vorlage eines Insolvenzplanes gemäß § 217 ff. In-

---

[124] Antrag eines Gläubigers. Zur Glaubhaftmachung gem. § 14 I a.E. InsO ausführlich Uhlenbruck/UHLENBRUCK § 14 Rn 58 ff.
[125] Auch für den Nachweis der drohenden Zahlungsunfähigkeit genügt eine schlüssige und nachvollziehbare Darlegung, s. Uhlenbruck/UHLENBRUCK § 18 Rn 20.
[126] Angesichts der Befugnis des Gerichts, die Zustimmung einzelner Gläubiger im Rahmen eines anschließenden gerichtlichen Einigungsversuchs gemäß § 309 InsO zu ersetzen, ist die Möglichkeit einer außergerichtlichen Einigung mit den Gläubigern jedenfalls nicht von Vornherein auszuschließen.
[127] OLG Köln, Beschl. v. 23.02.2000, 2 W 21/00, ZIP 2000, 548, 549.
[128] Der Wortlaut und die systematische Einordnung des § 4a InsO im Allgemeinen Teil der Insolvenzordnung spricht für die Anwendung der Norm sowohl auf Verbraucher- als auch auf Regelinsolvenzverfahren, vgl. FK-Inso/KOTHE § 4a Rn 2.

sO alternativ zu befriedigen, die im Kleinverfahren nicht besteht, § 312 II InsO.[129] Auch die Eigenverwaltung, §§ 270 bis 285 InsO, ist nur für das reguläre Verfahren vorgesehen, a.a.O.[130]

III. Verfahren bis Insolvenzeröffnung

1. Anordnung von Sicherungsmaßnahmen

Der wohl folgenschwerste Mangel des früheren Konkursrechts war es, dass es den Beteiligten einen funktionsfähigen rechtlichen Rahmen für die Sanierung notleidender Unternehmen verweigerte.[131] Die infolge der Insolvenzrechtsreform 1994 geschaffenen Instrumente zur Verbesserung der Befriedigungschancen der Gläubigergemeinschaft[132] – ggf. unter Erhalt des Schuldnerunternehmens, vgl. § 1 InsO – können ihre Wirksamkeit nur entfalten, wenn die (künftige) Insolvenzmasse in dem Zeitraum zwischen Antragstellung und Entscheidung über den Antrag nicht durch Handlungen des Schuldners und/oder der Gläubiger geschmälert wird. § 21 I 1 InsO ermöglicht es dem Insolvenzgericht, im Rahmen des Insolvenzantragsverfahrens die zur Sicherung der Insolvenzmasse erforderlich erscheinenden Maßnahmen zu treffen.

In Betracht kommen hier insbesondere die Anordnung einer vorläufigen Postsperre; das Verbot, bestimmte Gegenstände zu verwerten oder einzuziehen; die Untersagung von Maßnahmen der Zwangsvollstreckung gegen den Schuldner und die Auferlegung eines allgemeinen Verfügungsverbots durch den Schuldner, § 21 II 1 Nr. 2 bis 5 InsO. Die bedeutendste Sicherungsmaßnahme ist die Einsetzung eines vorläufigen Insolvenzverwalters, § 21 II Nr. 1 InsO. § 22 InsO regelt dessen Rechtsstellung und Befugnisse.

---

[129] Zum Insolvenzplanverfahren bei Freiberuflerpraxen vgl. HESS/RÖPKE, NZI, 233, 236 f. und bei Arztpraxen vgl. BANGE, ZInsO 2006, 362, 364 f.
[130] Zur Fortführung einer Freiberuflerpraxis durch Eigenverwaltung s. KLUTH, NJW 2002, 186, 187; HESS/RÖPKE, NZI, 233, 236.
[131] BT-Drucks. 12/2443, S. 73.
[132] Z.B. Anreicherung der Masse durch Einbeziehung des Neuerwerbs oder Vorverlagerung der Verfahrenseröffnung, Erleichterung der Anfechtungsansprüche, Insolvenzplanverfahren oder Beseitigung bevorrechtigter Befriedigungsmöglichkeiten einzelner Gläubigergruppen, § 61 I KO.

2. Maßnahmen des vorläufigen Insolvenzverwalters

Je nach Umfang der ihm vom Gericht übertragenen Befugnisse unterscheidet man den sogenannten „schwachen"[133] und „starken"[134] vorläufigen Insolvenzverwalter.[135] Letzterem ist bereits im vorläufigen Verfahren die Verwaltungs- und Verfügungsmacht über das Vermögen des Schuldners übertragen worden[136], so dass die Rechtsstellung in vielen Bereichen bereits der des späteren (endgültigen) Insolvenzverwalters entspricht.[137] Seine Aufgaben und Pflichten sind im Einzelnen in § 22 I 2 Nr. 1 bis 3 InsO normiert.[138] Zunächst wird der vorläufige Verwalter Maßnahmen zur Sicherung und Erhaltung des Schuldnervermögens ergreifen und prüfen, ob eine für die Durchführung des Verfahrens voraussichtlich ausreichende Masse vorhanden ist. Betreibt der Schuldner ein Unternehmen, so hat der vorläufige „starke" Verwalter dieses bis zur Entscheidung des Gerichts über die Eröffnung des Insolvenzverfahrens grundsätzlich fortzuführen.[139] Ist dadurch jedoch eine erhebliche Verminderung des Vermögens zu befürchten, kann mit Zustimmung des Gerichts der Geschäftsbetrieb eingestellt werden.

Die Pflichten des vorläufigen Insolvenzverwalters ohne Verwaltungs- und Verfügungsmacht bestimmt das Gericht im Einzelfall.[140] Sie dürfen jedoch nicht über die des starken vorläufigen Verwalters hinausgehen, § 22 II 1 und 2 InsO. Mit dieser Einschränkung soll der Entscheidung der Gläubigerversammlung nach Insolvenzeröffnung, vgl. § 157 InsO, nicht vorgegriffen werden.[141] Die Bestellung eines „schwachen" vorläufigen Verwalters erfolgt also immer dann, wenn dem Schuldner im Rahmen des vorläufigen Verfahrens kein allgemeines Verfügungsverbot auferlegt wurde. Zur Sicherung der Insol-

---

[133] Zur schwachen vorläufigen Verwaltung s. HAARMEYER/WUTZKE/FÖRSTER, Handbuch vorl. Verwaltung, § 6 Rn 27-33.
[134] Eingehend zur starken vorläufigen Verwaltung HAARMEYER/WUTZKE/FÖRSTER, Handbuch vorl. Verwaltung, § 6 Rn 20-26.
[135] Zum Teil wird dazwischen noch der „halbstarke" vorläufige Verwalter eingeordnet, vgl. etwa UHLENBRUCK/VUIA, Insolvenzrechts-Handbuch § 14 Rn 23.
[136] Im eröffneten Verfahren geht das Recht des Schuldners, sein Vermögen zu verwalten und darüber zu verfügen, gem. § 80 I InsO vom Schuldner auf den Insolvenzverwalter über.
[137] Besonders deutlich wird dies bspw. in der Tatsache, dass die vom vorläufigen „starken" Verwalter begründeten Verbindlichkeiten im eröffneten Insolvenzverfahren als Masseverbindlichkeiten gelten, § 55 II 1 InsO.
[138] Zur Beachtung von Rechnungslegungsvorschriften bereits im vorläufigen Insolvenzverfahren unten Fn. 304.
[139] Auch die Freiberuflerpraxis, vgl. VINIOL in Beck/Depré, Praxis der Insolvenz, § 42 Rn 14. Zur Fortführung einer freiberuflichen Tätigkeit nach altem Konkursrecht vgl. SCHICK, NJW 1990, 2359, 2360 ff. Hierzu auch – unter besonderer Berücksichtigung der Verwertungsmöglichkeiten der freiberuflichen Praxis – nach früherem Konkurs- und heutigem Insolvenzrecht, UHLENBRUCK in FS Henckel, S. 877 ff.
[140] Zur Anordnung von Einzelermächtigungen detailliert HAARMEYER/WUTZKE/FÖRSTER, Handbuch vorl. Verwaltung, § 6 Rn 34-37.
[141] BGH, Beschl. v. 14.12.2000, IX ZB 105/00, BGHZ 146, 165, 172.

venzmasse empfiehlt es sich in einem solchen Fall, die Wirksamkeit von Verfügungen des Schuldners an die Zustimmung des vorläufigen Insolvenzverwalters zu binden.[142]

3. Entscheidung über den Antrag

Das Gericht hat zu prüfen, ob der Antrag auf Eröffnung des Insolvenzverfahrens zulässig ist. Das ist gegeben, wenn er von einem Antragsberechtigten gestellt und die übrigen Verfahrensvoraussetzungen erfüllt sind, insbesondere die Zuständigkeit des Gerichts. Bei einem Gläubigerantrag ist dessen rechtliches Interesse an der Verfahrenseröffnung zu prüfen, die Glaubhaftigkeit von Eröffnungsgrund und Anspruch des Gläubigers. Sind alle Voraussetzungen erfüllt, ist insbesondere eine ausreichende Masse vorhanden, um die Verfahrenskosten zu decken, eröffnet das Gericht das Insolvenzverfahren. Anderenfalls wird der Antrag abgewiesen.

IV. Verfahren ab Insolvenzeröffnung

1. Verfahrensbeteiligte

Im Falle der Eröffnung des Insolvenzverfahrens ernennt das Insolvenzgericht einen Insolvenzverwalter, § 27 I 1 InsO. Zum Insolvenzverwalter kann nach § 56 I 1 InsO jede für den jeweiligen Einzelfall geeignete, insbesondere geschäftskundige und von Gläubigern und Schuldnern unabhängige natürliche Person bestellt werden.[143]
Die Insolvenzordnung unterscheidet verschiedene Gläubigergruppen. Massegläubiger ist, wer Vorabbefriedigung[144] aus der Masse verlangen kann. Insolvenzgläubiger werden nach den Massegläubigern – zumeist quotal – aus der Insolvenzmasse befriedigt. Nachrangige Gläubiger nehmen an der Verteilung teil, wenn Masse- und Insolvenzgläubiger vollständig befriedigt wurden. Absonderungsberechtigte Gläubiger werden aus dem Verwertungserlös des Sicherungsgutes befriedigt und, soweit der Erlös nicht ausreicht, als Insolvenzgläubiger befriedigt, sofern eine persönliche Haftung besteht.

---

[142] Verfügungen des Schuldners unter Verstoß gegen den (allgemeinen oder besonderen) Zustimmungsvorbehalt sind nach §§ 24 I, 81 I 1 InsO unwirksam.
[143] Im Verbraucherinsolvenzverfahren werden die Aufgaben des Insolvenzverwalters vom Treuhänder wahrgenommen, § 313 I 1 InsO. Dessen Rechtsstellung ist in § 292 InsO festgelegt. Eigenverwaltung, §§ 270 InsO, erfolgt unter Aufsicht des Sachwalters, § 270 I 1 InsO.
[144] Vor Insolvenzgläubigern und nachrangigen Gläubigern.

Aussonderungsberechtigte Gläubiger[145] nehmen nicht am Insolvenzverfahren teil, da sie einen Herausgabeanspruch hinsichtlich des nicht zur Masse gehörenden Gegenstandes haben.[146]

Neben Schuldner und Gericht nimmt die Gläubigerversammlung, § 74 I InsO, und gegebenenfalls ein Gläubigerausschuss, §§ 67 InsO, am Verfahren teil. Der Gläubigerausschuss muss nicht zwingend gebildet werden; er soll den Insolvenzverwalter bei seiner Geschäftsführung unterstützen, § 69 InsO.

2. Maßnahmen des Insolvenzverwalters

Der vom Gericht bestellte Insolvenzverwalter übernimmt die Verfügungsgewalt über die Masse, § 80 I InsO. Nur er allein kann gemäß § 55 I InsO Verpflichtungen zulasten der Masse begründen. Der Verwalter nimmt die Insolvenzmasse in Besitz, § 148 InsO, notfalls mittels Zwangsvollstreckung, § 148 II 1 InsO. Er führt kraft Amtes gegebenenfalls Prozesse des Schuldners, §§ 85 f. InsO, und schwebende Geschäfte fort oder beendet sie, §§ 103 ff. InsO, reichert die Masse an,[147] pflegt die Tabelle, § 174 f. InsO, wirkt mit bei Feststellung angemeldeter Forderungen, § 176 InsO, entwickelt ggf. einen Insolvenzplan, §§ 157 S. 2, 218 InsO und befriedigt die Insolvenzgläubiger durch Verteilung des Erlöses, § 187 III 1 InsO.[148] Zudem hat der Verwalter umfassende Rechnungslegungsvorschriften zu beachten.[149]

---

[145] Häufige Anlässe für die Geltendmachung von Aussonderungsrechten ist der Eigentumsvorbehalt, Sicherungseigentum, Miteigentum oder Leasing, Braun/BÄUERLE InsO § 47 Rn 20 ff.
[146] HESS/WEIS, Insolvenzrecht, S. 186; BECKER, Insolvenzrecht, § 7 Rn 268-275.
[147] Unterschieden werden die sog. „Ist-Masse" und „Soll-Masse". „Ist-Masse" umfasst die Masse, die der Insolvenzverwalter zum Zeitpunkt der Eröffnung des Verfahrens gem. § 148 I InsO in seine Verwaltung nimmt. Insoweit ist die Bezeichnung „vorläufige Insolvenzmasse" treffend, Uhlenbruck/UHLENBRUCK, § 148 InsO Rn 2. Unter „Soll-Masse" wird die Insolvenzmasse i. S. v. § 35 InsO verstanden, FA-InsR/MAIER, Kap. 3 Rn 144. Durch Aussonderung, § 47 InsO, und Rechtshandlungen des Insolvenzverwalters wie etwa Anfechtung, §§ 129 ff. InsO, Forderungseinzug, Freigabe nach § 35 II InsO, Rücktritt nach §§ 346 ff. BGB, Kündigung nach § 489 BGB usw. entwickelt sich die „Ist-Masse" im Rahmen der Insolvenzbereinigung zur „Soll-Masse".
[148] Übersicht der Befugnisse und Aufgaben des Verwalters bei BECKER, Insolvenzrecht, § 7 Rn 368.
[149] Nach dem Willen des insolvenzrechtlichen Gesetzgebers hat bereits der vorläufige Insolvenzverwalter zur Sicherung der Insolvenzmasse umfassende Pflichten zur internen (§§ 151-153, 229 InsO, vgl. auch HENI, Rechnungslegung, S. 1) und externen (§ 155 InsO, vgl. auch SCHERER/HENI, Liquidations-Rechnungslegung, S. 8) Rechnungslegung, vgl. BAYER, Insolvenzrechnungslegung, S. 38 f. Danach hat er mithilfe des Schuldners zunächst ein Verzeichnis der einzelnen Gegenstände der Insolvenzmasse aufzustellen, § 151 I InsO, wobei nach § 151 II 1 InsO bei jedem Gegenstand dessen Wert anzugeben ist. Wenn und soweit die Bewertung davon abhängt, ob das schuldnerische Unternehmen fortgeführt oder stillgelegt wird, sind Fortführungs- und Liquidationswerte anzugeben; WEGENER in FK-InsO § 151 Rn. 15. MAUS fordert eine Alternativbewertung stets dann, wenn Stilllegungswerte und Fortführungswerte sich unterscheiden, DERS. in Uhlenbruck, § 151 I InsO, § 151 Rn 6. Nach MÖHLMANN-MAHLAU/SCHMITT ist alternativ zu bewerten, wenn eine Unternehmensfortführung „nicht ausgeschlossen ist", DIESELBEN in Veit, Sonderbilanzen, S. 203. Zur Kritik an der Alternativbewertung vgl. etwa HENI, Rechnungslegung, S. 80 ff. § 152 I InsO verpflichtet den Insolvenzverwalter zur Aufstellung eines Verzeichnisses aller Gläubiger des Gemeinschuldners. Nach Abs. 2 a.a.O. sind die absonderungsberechtigten Gläubiger und die einzelnen Rang-

V. Beendigung des Insolvenzverfahrens

Sobald die Verwertung der Insolvenzmasse beendet ist, erfolgt nach § 196 InsO mit Zustimmung des Gerichts die Schlussverteilung. Nach vollständiger Verteilung der Insolvenzmasse und einer abschließenden Gläubigerversammlung (Schlusstermin, § 197 InsO) wird das Insolvenzverfahren aufgehoben, § 200 InsO.

VI. Eigenverwaltung

1. Einleitung

Eine besondere Art des Insolvenzverfahrens ist die im Siebten Teil der Insolvenzordnung (§§ 270 bis 285) geregelte Eigenverwaltung unter Aufsicht eines Sachwalters. Für die Eigenverwaltung ist kennzeichnend, dass die Verfügungs- und Verwaltungsbefugnis über das schuldnerische Vermögen nicht, wie im Regelfall, auf einen Dritten, den Insolvenzverwalter, übergeht, sondern beim Schuldner verbleibt.

Auf diese Weise können die Kenntnisse und Erfahrungen der bisherigen Geschäftsleitung am besten genutzt werden. Zudem wird eine Einarbeitungszeit, die der Fremdverwalter sonst benötigte, vermieden. Für das Verfahren sprechen im Übrigen die geringeren Kosten. Dem Schuldner soll ein Anreiz geboten werden, rechtzeitig Insolvenzantrag zu stellen, wenn er damit rechnen kann, auch nach der Verfahrenseröffnung nicht völlig aus der Geschäftsführung verdrängt zu werden.[150]

Die Eigenverwaltung erfolgt unter Aufsicht eines Sachwalters, § 270 I 1 InsO. Nach dem Grundsatz der Autonomie der wirtschaftlich Betroffenen, soll die Gläubigerversammlung entscheiden, ob ein Insolvenzverfahren mit dieser Art der Eigenverwaltung durchgeführt werden soll. Die Vorschriften des materiellen Insolvenzrechts gelten im Grundsatz unverändert auch in der Eigenverwaltung.[151]

---

klassen der nachrangigen Insolvenzgläubiger gesondert aufzuführen. Die Aufstellung einer geordneten Vermögensübersicht zum Zeitpunkt der Eröffnung des Insolvenzverfahrens verlangt § 153 I 1 InsO. Nach § 66 InsO muss der Verwalter Schluss- und. ggf. Zwischenrechnung legen. Ergänzend stellt § 155 InsO klar, dass die handels- und steuerrechtlichen Pflichten des Schuldners zur Buchführung und (externen) Rechnungslegung durch das Insolvenzverfahren nicht ändern. Nach Eröffnung des Verfahrens sind diese Pflichten vom Verwalter wahrzunehmen, Braun/Dithmar InsO § 155 Rn 1. Diese Rechnungslegungspflicht ist nicht zu verwechseln mit der Rechenschaft, die der Verwalter am Ende seiner Amtszeit gegenüber der Gläubigerversammlung ablegt, § 66 I InsO; §§ 21 II 1, 281 III 1, 313 I 3, 292 III 1 InsO.

[150] BT-Drucks. 12/2443, S. 222 f.
[151] BT-Drucks. 12/2443, S. 223.

2. Vorteile der MVZ-Insolvenz in Eigenverwaltung

Die Ansichten über die Eignung der Eigenverwaltung bei der Insolvenz von Freiberuflern und speziell Ärzten sind in der Literatur geteilt. VAN ZWOLL, MAI, ECKARDT und REHBORN[152] weisen auf den Vorteil der Eigenverwaltung im Hinblick auf die Vermeidung einer Kollision zwischen Berufs- und Standesrecht einerseits und dem Insolvenzrecht andererseits hin. Zudem ließen sich dadurch die Kenntnisse und Erfahrungen des Schuldners am besten nutzen.[153]

3. Nachteile der MVZ-Insolvenz in Eigenverwaltung

VAN ZWOLL ET AL. betonen aber, dass es für eine „effiziente Mitarbeit des Schuldners nicht unbedingt" der Anordnung der Eigenverwaltung bedarf. Der kooperative Schuldner könne seine Kenntnisse und Erfahrungen auch beim normalen Regelverfahren zum Wohl der Insolvenzmasse einbringen, in dem er seiner üblichen Tätigkeit nachgeht und diese abrechnet. Der Insolvenzverwalter könne dann die Rechnungslegung überprüfen und die Vergütung einziehen.[154]

Weiter führen VAN ZWOLL ET AL. aus, die Anordnung der Eigenverwaltung sei insbesondere bei den Freiberuflern wenig sinnvoll, bei denen die Insolvenzursache in ihrer mangelnden geschäftlichen Erfahrung bzw. wirtschaftlichen Eignung zur selbständigen Führung eines „Praxisbetriebes" liegen. Außerdem bedeute die Eigenverwaltung für den Schuldner, dass zu „seinen bisherigen Pflichten im Finanz- und Wirtschaftsleben, die ihm die Insolvenzordnung auferlegt, hinzu kommen."[155]

Soll die Eigenverwaltung als Sanierungsinstrument funktionieren, so verlangt MAI die vorbehaltlose Bereitschaft des Schuldners zur Durchführung der Sanierung seines Unternehmens. Ferner bezweifelt sie die Eignung des Schuldners, unter Aufsicht des Sachwalters zum Interessenvertreter der Gläubiger zu werden.[156]

---

[152] VAN ZWOLL ET AL., Arztpraxis, Rn 765.
[153] Ebenso MAI, Insolvenz des Freiberuflers, S. 127.
[154] VAN ZWOLL ET AL., a.a.O., Rn 765.
[155] VAN ZWOLL ET AL., a.a.O.; gleichlautend MAI, a.a.O., S. 129.
[156] MAI, a.a.O.

4. Stellungnahme

Die Beschreibung der Insolvenzverwalterrolle im Regelinsolvenzverfahren eines (kooperativen) Freiberuflers bei VAN ZWOLL ET AL. entspricht der idealtypischen Aufgabenzuweisung des Sachwalters in der Eigenverwaltung. Weshalb es für die Überprüfung der ärztlichen Rechnung und den Einzug (und der Verwaltung) der Vergütung zwingend der Bestellung eines Insolvenzverwalters bedarf und weshalb diese Tätigkeiten nicht der Sachwalter übernehmen kann, wird nicht weiter erklärt.

Weiter führen VAN ZWOLL ET AL. aus, die Anordnung der Eigenverwaltung sei insbesondere bei den Freiberuflern wenig sinnvoll, bei denen die Insolvenzursache in ihrer mangelnden geschäftlichen Erfahrung bzw. wirtschaftlichen Eignung zur selbständigen Führung eines „Praxisbetriebes" liegen. Überdies bedeute die Eigenverwaltung für den Schuldner, dass zu „seinen bisherigen Pflichten im Finanz- und Wirtschaftsleben noch weitere, die ihm die Insolvenzordnung auferlegt, hinzu kommen."[157]

Die Argumentation von VAN ZWOLL ET AL., wonach der insolvente Freiberufler mit den wirtschaftlichen und (insolvenz-)rechtlichen Anforderungen überfordert wäre, steht auf schwachem Fundament, da ein Schuldner unterstellt wird, den die Insolvenzordnung nicht kennt: Der Schuldner soll – über die Auskunfts- und Mitwirkungspflichten, zu denen er nach § 97 InsO lediglich verpflichtet ist, hinausgehend – „seine Kenntnisse und Erfahrungen zum Wohl" der Masse einbringen. Auch wird die Notwendigkeit des Insolvenzverwalters nicht näher untersucht. Allein zur Überprüfung der (ärztlichen) Rechnungslegung und zur Kassenführung bedarf es dessen Bestellung jedenfalls nicht. Die Insolvenzordnung macht die Anordnung der Eigenverwaltung im Übrigen nicht davon abhängig, dass der Schuldner „unschuldig" in eine wirtschaftliche Krise geraten ist. Bekanntlich liegen die Ursachen für einen Unternehmenszusammenbruch üblicherweise ohnehin im endogenen Bereich. Weshalb der – nichtärztliche, zumeist durch eine rechtswissenschaftliche, selten nur durch eine betriebswirtschaftliche Ausbildung sich auszeichnende – Insolvenzverwalter besser als der Arzt geeignet sein soll, eine Arztpraxis wirtschaftlich erfolgreich zu führen, erklären VAN ZWOLL ET AL. nicht. Angesichts der komplexen Strukturen der (vertrags-) ärztlichen Leistungserbringung und des (Vertrags-) Arztrechts darf das auch bezweifelt werden. So ist schon unklar, woraus die Kompetenz des Verwalters ableitet wird, (vertrags-)ärztliche Abrechnungen prüfen zu

---

[157] VAN ZWOLL ET AL., Arztpraxis, Rn 765.

können. Selbst wenn diesem das ärztliche Abrechnungssystem geläufig sein sollte, was bestenfalls von einem auf das Medizinrecht spezialisierten Verwalter erwartet werden kann, so bleibt im Dunkeln, wie der Verwalter (vermeintliche) Abrechnungsfehler aufdecken will, ohne Einblick in die Krankenakten zu nehmen, um ggf. Rücksprache mit dem Patienten zu halten. Letzteres wird dem Insolvenzverwalter aus Geheimhaltungsgründen regelmäßig verwehrt sein. Dem – nichtärztlichen – Insolvenzverwalter wird das Wesen der ärztlichen Leistungserbringung letztlich wohl verschlossen bleiben, so dass er entweder nur die Abwicklung der Praxis veranlassen kann, womit Fortführungsaussichten schwinden, oder, sofern der Praxisbetrieb gleichwohl (vorübergehend) fortgeführt wird, reine Überwachungsaufgaben übernimmt. Dafür würde aber die Bestellung eines Sachwalters genügen.

Auch die Kritik von MAI ist nicht begründet. Zwar ist ihr zuzustimmen, dass der Erfolg einer Unternehmenssanierung von der Bereitschaft des Schuldners zur Durchführung von Sanierungsmaßnahmen abhängt. MAI übersieht aber, dass Voraussetzung für die Anordnung der Eigenverwaltung gemäß § 270 II Nr. 1 InsO ein dementsprechender Antrag des Schuldners ist. Gegen dessen Willen findet die Eigenverwaltung also nicht statt. Mit der Beantragung der Eigenverwaltung durch den Schuldner kann auf dessen Willen – auch zur Durchführung von Sanierungsmaßnahmen – geschlossen werden. MAI ist ferner zuzugeben, dass der Schuldner nicht der geborene Gläubigervertreter ist, zumal das Vertrauen der Gläubiger in dessen unternehmerische Qualitäten sicherlich geschwunden sein wird. Gleichwohl wird man nicht bestreiten können, dass der wirtschaftliche Erfolg (von Sanierungsmaßnahmen) freiberuflicher Arztpraxen oft ganz maßgeblich von der Person des (sanierungswilligen) Arztes abhängen dürfte. Das Interesse des insolventen Arztes muss daher nicht immer im Widerspruch zu den Interessen der Gläubigergemeinschaft stehen.[158]

Nach dem hier vertretenen Standpunkt bietet sich die Eigenverwaltung im Rahmen eines Insolvenzverfahrens über das Vermögen eines niedergelassenen Arztes geradezu an. Es scheint kaum einen Geschäftsbereich zu geben, in dem es mehr auf die vom Gesetzgeber für die Eigenverwaltung geforderte „Kenntnis und Erfahrung" des Schuldners ankommt, als der medizinische. Eine in die Krise geratene Arztpraxis benötigt neben fach(ärzt)licher Kompetenz vor allem Unterstützung im gesundheitsökonomischen, betriebswirtschaftlichen und medizinrechtlichen Bereich. Diese sind vom klassi-

---

[158] Dies zeigt sich besonders im Insolvenzplanverfahren; vgl. Uhlenbruck/LÜER Vor 217 Rn 2.

schen Insolvenzverwalter nicht umfassend zu erwarten. Insolvenzrechtliches Fachwissen ist, insbesondere wenn eine Fortführung der ärztlichen Praxis angestrebt wird, keineswegs unbedeutend,[159] diese ist aber auch vom Sachwalter zu bekommen.

Für das ärztlich geführte MVZ gilt im Grundsatz nichts anderes und zwar selbst dann, wenn es sich um ein sehr großes, ggf. bundesweit agierendes Zentrum mit hoher Kapitalisierung und zahlreichen Angestellten handeln sollte. Sofern die Sanierung in Eigenverwaltung hier nicht von vornherein aussichtslos erscheint, sollte das Gericht diese anordnen. Es ist zu befürchten, dass ein im Bereich der ärztlichen Leistungserbringung unerfahrener Insolvenzverwalter, der ein in die Krise geratenes MVZ fortführen soll, angesichts der komplexen Strukturen damit rasch überfordert ist und tendenziell eine passive, eher unbeteiligte, lediglich beobachtende Position einnehmen wird. Damit wird den Gläubigerinteressen nicht bestmöglich entsprochen. Die mit der Verwalterbestellung einhergehenden Kosten könnten (anteilig) für konkrete Sanierungsmaßnahmen verwendet werden.

Scheidet hingegen die Fortführung des insolventen MVZ aus, hat das Gericht für die erforderlichen Abwicklungsvorgänge das Regelverfahren – unter Bestellung eines Insolvenzverwalters – als das zutreffende Verfahren anzuordnen.

VII. Insolvenzplanverfahren

§ 1 S. 1 InsO nennt zwei Formen der gemeinschaftlichen Befriedigung der Insolvenzgläubiger: (1.) Durch Verwertung des schuldnerischen Vermögens und Verteilung des Erlöses und (2.) die Erstellung eines Insolvenzplanes, in welchem eine abweichende Regelung getroffen werden kann, die auch im Erhalt des schuldnerischen Unternehmens bestehen kann.[160]

Der Insolvenzplan ist ein durch die Insolvenzordnung neu geschaffenes Rechtsinstitut. Den Beteiligten eines Insolvenzverfahrens wird dadurch das Recht eingeräumt, die Rechtsstellung der Gläubiger und des Schuldners durch einen Plan zu gestalten.[161] Die

---

[159] Die Eigenverwaltung eröffnet dem Schuldner den Zugang zu den Sanierungsmöglichkeiten der Insolvenzordnung. So gelten bspw. gemäß § 279 InsO die Vorschriften über die Erfüllung von Rechtsgeschäften nach §§ 103 bis 128 InsO. Der Schuldner kann sich demnach in der Eigenverwaltung unter erleichterten Bedingungen von einem Teil seiner Belegschaft trennen, hat die Möglichkeit, Insolvenzgeld in Anspruch zu nehmen und kann sich von unwirtschaftlichen Verträgen lösen, § 103 InsO; vgl. Mai, Insolvenz des Freiberuflers, S. 128.
[160] Uhlenbruck/Lüer Vor 217 Rn 30.
[161] BT-Drucks. 12/2443, S. 194.

Einzelheiten des Insolvenzplanverfahrens sind im Sechsten Teil der Insolvenzordnung niedergelegt (§§ 217 bis 269). Vorlageberechtigt ist nach § 218 I 1 InsO sowohl der Insolvenzverwalter als auch der Schuldner. Der Plan besteht aus einem darstellenden und einem gestaltendem Teil, §§ 220 f. InsO. § 222 InsO sieht die Bildung von Gruppen vor. Innerhalb jeder Gruppe sind allen Beteiligten gleiche Rechte anzubieten, § 226 I InsO. Die Rechte der einzelnen Beteiligten sind in den §§ 223 ff. InsO geregelt. Der Schuldner soll nach dem gesetzlichen Leitbild mit der Befriedigung der Insolvenzgläubiger von seinen verbleibenden Verbindlichkeiten gegenüber den Gläubigern befreit werden, § 227 I InsO. Die Gläubigerversammlung erörtert den Plan und stimmt hierüber – gruppenweise – ab, §§ 235 ff. InsO. Aus einem rechtskräftig bestätigten Insolvenzplan kann die Zwangsvollstreckung betrieben werden, § 257 I 1 InsO. Ist die Bestätigung des Insolvenzplanes rechtskräftig, beschließt das Insolvenzgericht die Aufhebung des Verfahrens, § 258 I InsO.

Die Literaturstimmen zur Eignung des Insolvenzplanverfahrens im Freiberuflerkonkurs sind überwiegend positiv.

MAI zählt zu den Vorzügen des Insolvenzplans dessen Konzentrationswirkung, die es ermöglicht, vielfältige und komplexe Veränderungen der gesamten Haftungs- und Vermögensbeziehungen zwischen den Beteiligten abschließend zusammenzufassen und einheitlich umzusetzen. Ferner nennt sie die Verkürzung der Verfahrensdauer und erwähnt die im Vergleich zum Regelverfahren wesentlich höhere Quote, mit der die Gläubiger rechnen können.[162] VAN ZWOLL ET AL. erklären die höhere Quote mit dem Anreiz, den eine vorzeitige Entlassung des Schuldners aus dem Insolvenzverfahren unter Befreiung von seinen Restverbindlichkeiten bietet. Der Schuldner wird sich deshalb um Drittmittel zur Realisierung eines annahmewürdigen Insolvenzplanes bemühen.[163]

Diese Überlegungen treffen auf die MVZ-Insolvenz gleichermaßen zu. Die Freiheit in der Gestaltung des Planes macht das Insolvenzplanverfahren für die MVZ-Insolvenz besonders attraktiv. Das Insolvenzplanverfahren ist für bestmögliche Gläubigerbefriedigung besonders geeignet.

---

[162] MAI, Insolvenz des Freiberuflers, S. 137. Gleichlautend VAN ZWOLL ET AL., Arztpraxis, Rn 748 f, 751.
[163] VAN ZWOLL ET AL., a.a.O., Rn 752.

VIII. Restschuldbefreiungsverfahren

Nach dem Vorbild ausländischer Rechtsordnungen wurde mit Inkrafttreten der Insolvenzordnung für den redlichen Schuldner die Möglichkeit geschaffen, sich von den – nach Abschluss des Insolvenzverfahrens noch verbliebenen – Verbindlichkeiten zu befreien. Dabei führt nicht bereits die konkursmäßige Verwertung des schuldnerischen Vermögens zur Entschuldung, vielmehr wird vom Schuldner zusätzlich verlangt, dass er für eine überschaubare Zeitspanne – eine Wohlverhaltensphase von früher sieben, gegenwärtig sechs und künftig wohl drei[164] Jahren – seine Arbeitskraft nutzt, insbesondere jede zumutbare Arbeit annimmt, jeden Arbeitsplatzwechsel meldet und sein pfändbares Arbeitseinkommen den Gläubigern zur Verfügung stellt.[165]

D. Massezugehörigkeit der sozialversicherungsrechtlichen Zulassung

I. Einführung

Nachfolgend soll untersucht werden, welches Schicksal die sozialversicherungsrechtliche Zulassung des zur Teilnahme an der vertragsärztlichen Versorgung berechtigten MVZ bei der Eröffnung des Insolvenzverfahrens nimmt. Es geht also um die Frage, ob die Kassenzulassung Bestandteil der Masse wird und somit in die Verfügungsgewalt des Insolvenzverwalters fällt. Ohne Zulassung kann der Verwalter die Praxis des MVZ nicht gewinnbringend verkaufen, fortführen und keine Vergütungsansprüche gegen die Kassenärztliche Vereinigung geltend machen.[166]

---

[164] Vgl. Rede der Bundesministerin der Justiz, Sabine Leutheusser-Schnarrenberger, beim 7. Deutschen Insolvenzrechtstag der Arbeitsgemeinschaft Insolvenzrecht im Deutschen Anwaltverein am 17.03.2010 in Berlin, KTZS 2010, 251, 255; einsehbar auch unter http://www.bmj.de/SharedDocs/Reden/DE/2010/20100317_7er_ Deutscher_Insolvenzrechtstag.html?nn=1477162; zuletzt besucht am 14.06.2011, 19:45 Uhr. Auf dem 8. Deutschen Insolvenzrechtstag wiederholte die Bundesministerin – unter Bezugnahme auf die Regelungen im Koalitionsvertrag – die Pläne, die bislang sechsjährige Restschuldbefreiungsdauer zu halbieren: http://www.bmj.de/SharedDocs/Reden /DE/2011/20110407_Achter_Insolvenzrechtstag.html?nn=1477162, zuletzt besucht am 14.06.2011, 20 Uhr.
[165] BT-Drucks. 12/2443, S. 100.
[166] BGH, Beschl. v. 09.01.1997, IX ZR 131/94, NJW 1997, 2453.

II. Meinungsstand

1. Auffassung in der Literatur

In der Literatur ist dieses Problem noch nicht behandelt worden. Gegenstand wissenschaftlicher Untersuchungen war bislang nur die Frage nach der Massezugehörigkeit der Zulassung eines Vertragsarztes. Die insolvenzrechtliche Literatur spricht sich geschlossen gegen die Massezugehörigkeit der Vertragsarztzulassung aus.[167] Diese Ansicht stützt sich hauptsächlich auf die beiden (sozialgerichtlichen) Entscheidungen,[168] die, soweit ersichtlich, zu dieser Problematik – noch zu Zeiten der alten Konkursordnung – ergangen sind. Lediglich VAN ZWOLL, MAI, ECKARDT und REHBORN[169] spannen den Bogen weiter und bemühen zusätzlich auch die Rechtsprechung der Zivilgerichte.[170]

---

[167] MAI, Insolvenz des Freiberuflers, S. 44 ff.; SEIDLER, Selbständige in der Insolvenz, S. 105; VAN ZWOLL ET AL., Arztpraxis, Rn 435; SCHILDT, Insolvenz des Freiberuflers, S. 27 f.; HARLFINGER, Freiberufler, S. 61 f.; SCHLUND in Laufs/Kern, Arztrecht, § 18 Rn 3, § 19 Rn 1; HESS, InsO, §§ 35, 36 Rn 298; Braun/BÄUERLE InsO § 35 Rn 46; HENCKEL in Jaeger, InsO, § 35 Rn 14; KPG/HOLZER § 35 Rn 74; UHLENBRUCK in FS Henckel, S. 877, 878 ff.; BOECKEN in Sodan, Krankenversicherungsrecht, § 17 Rn 7; SCHICK, NJW 1990, 2359, 2360; BANGE, ZInsO 2006, 362, 364; wohl auch KLUTH, NJW 2002, 186, 187 f.

[168] LSG Nordrhein-Westfalen, Beschl. v. 12.03.1997, L 11 SKA 85/96, MedR 1998, 377 = NZS 1997, 387 = NJW 1997, 2477; BSG, Urt. v. 10.05.2000, B 6 KA 67/98 R, NZS 2001, 160 = MedR 2001, 159 (Vorinstanz: LSG Nordrhein-Westfalen, Urt. v. 07.10.1998, L 11 KA 62/98).

[169] VAN ZWOLL ET AL., Arztpraxis, Rn 420 ff.

[170] So hatte der Bundesgerichtshof im Jahre 2002 darüber zu entscheiden, ob ein Arzt wirksam über die ihm erteilte Vertragsarztzulassung verfügen kann. In zwei Entscheidungen, beide vom 22.07.2002, bejahte dies der BGH. Dem ersten Fall (BGH, Urt. v. 22.07.2002, II ZR 90/01, BGHZ 151, 389 = NJW 2002, 3536 = GesR 2002, 91) lag folgender Sachverhalt zugrunde: Mitte der 90er Jahre schied ein Arzt, der mit zwei weiteren Ärzten in einer Gemeinschaftspraxis verbunden war, aus dieser Praxis aus. Die Praxis befand sich zu jener Zeit in einem nach den §§ 101, 103 SGB V zulassungsbeschränkten Planungsbereich. Der Nachfolger des ausscheidenden Arztes war rasch gefunden. Dieser sollte – zunächst auf Probe (zur Frage der Zulässigkeit sog. Nullbeteiligungsgesellschaften vgl. GUMMERT/MEIER, MedR 2007, 1-10.) – die Zulassung des Ausscheidenden erhalten und an dessen Stelle in die Gemeinschaftspraxis eintreten. Nach Antragstellung, aber vor Erteilung der Zulassung durch den zuständigen Zulassungsausschuss gerieten die Ärzte über den Inhalt des Gesellschaftsvertrages in Streit und trennten sich. Der Zulassungsausschuss stellte daraufhin die Beendigung der Gemeinschaftspraxis fest und erteilte dem Antragsteller eine Zulassung zur Teilnahme an der vertragsärztlichen Versorgung für dessen rasch errichtete Einzelpraxis. Die Altgesellschafter verklagten den Arzt daraufhin auf Schadensersatz in Höhe von 480.000 DM. Sie stellten sich auf den Standpunkt, der Arzt sei, nachdem die Verhandlungen über den Abschluss des Gesellschaftsvertrages endgültig gescheitert waren, verpflichtet gewesen, zugunsten eines anderen Arztes (Dieser Arzt war seinerseits bereit, für den Anteil an der Praxis den Kaufpreis von 480 TDM zu zahlen. Dieser Kaufpreis entsprach auch dem tatsächlichen Wert.) auf die Zulassung zu verzichten. Die Klage blieb in beiden Vorinstanzen ohne Erfolg. Die Revision der Kläger hatte Erfolg und führte zur Aufhebung des angefochtenen Urteils und zur Zurückweisung der Sache an das Berufungsgericht. Interessant im Rahmen der hier in Rede stehenden Problematik ist die Tatsache, dass der Bundesgerichtshof in dieser Entscheidung dem (wankelmütigen) Arzt die Verpflichtung zum Verzicht auf die Kassenzulassung zugunsten eines anderen Bewerbers auferlegte und diesem somit gewissermaßen ein Verfügungsrecht über die sozialversicherungsrechtliche Zulassung zubilligte.

Der zweite von VAN ZWOLL ET AL. bemühte Fall des BGH (Urt. v. 22.07.2002, II ZR 265/00, NJW 2002, 3538 = GesR 2002, 60) war ähnlich gelagert: Vater und Sohn, beide Ärzte, betrieben Mitte der 90er Jahre – in einem zulassungsgesperrten Bezirk – eine augenärztliche Gemeinschaftspraxis. Der Vater schied aus der Praxis aus. Mit dem neuen Partner, der an des Vaters Stelle trat und auch dessen Zulassung erhielt, war im Gesellschaftsvertrag geregelt worden, dass dieser im Falle seines Ausscheidens verpflichtet sei, zum Erhalt der Gemeinschaftspraxis den Antrag auf Ausschreibung seines Kassenarztsitzes zu stellen. Der – nach weniger als zwei Jahren Partner-

Zwar behandeln die von VAN ZWOLL ET AL. in Bezug genommenen Entscheidungen die Übertragbarkeit der vertragsärztlichen Zulassung und in gewissem Umfang auch die Dispositionsmöglichkeiten des Vertragsarztes über die Zulassung, etwa indem er darauf schlicht verzichtet. Letzteres aber ergibt sich bereits aus dem Wortlaut von § 103 IV SGB V oder § 28 I 1 Ärzte-ZV.[171]

2. Stand der Rechtsprechung

a) Landessozialgericht Nordrhein-Westfalen

Das Landessozialgericht Nordrhein-Westfalen war im Jahre 1997 mit der Frage befasst, ob die Zulassung eines Vertragsarztes und der dem Vertragsarzt zugewiesene Vertragsarztsitz beim Konkurs des Arztes in die Masse fallen.

Dem Rechtsstreit[172] lag folgender Sachverhalt zugrunde: Über das Vermögen eines zur vertragsärztlichen Versorgung zugelassenen Arztes für Neurologie und Psychiatrie war der Konkurs eröffnet worden. Der Konkursverwalter veranlasste die Fortführung des Praxisbetriebs. Hierzu veräußerte er die Praxisausstattung an zwei andere Ärzte, welche die Praxisräume des insolventen Arztes gemietet hatten. Auf Veranlassung des Konkursverwalters wurde der Vertragsarztsitz ausgeschrieben. Der insolvente Arzt mietete kurzerhand neue Räumlichkeiten innerhalb der Stadtgrenze an und zeigte ge-

---

schaft – aus der Gesellschaft wieder ausgeschiedene Arzt stellte jedoch abredewidrig keinen entsprechenden Antrag, sondern behielt seine Zulassung und eröffnete in der Nähe eine Einzelpraxis. Der verbliebene Arzt begehrte mit seiner Klage die Verurteilung des ausgeschiedenen Vertragsarztes, die Ausschreibung seines Kassenarztsitzes zu beantragen. Das Landgericht hatte die Klage abgewiesen. Der Berufung war kein Erfolg beschieden. Die Revision hatte Erfolg. Angesichts der kurzen Verweildauer in der Gemeinschaftspraxis sah der BGH den beklagten Vertragsarzt als verpflichtet an, unter Verzicht auf seinen Status als Vertragsarzt den eigenen Kassenarztsitz ausschreiben zu lassen. Auch hier erkennt der BGH dem Arzt ein Dispositionsrecht über die statusbegründende Vertragsarztzulassung zu.

Auch eine weitere von VAN ZWOLL ET AL. in Bezug genommene Entscheidung des OLG Stuttgart (Urt. v. 21.02.2001, 20 U 57/00, NZG 2001, 660) befasst sich (lediglich) mit dem Zusammenspiel schuldrechtlicher Verpflichtungen (gesellschaftsrechtlich verbundener Ärzte, einerseits) und öffentlich-rechtlicher Zulassungsvorschriften (andererseits). Der Sachverhalt ist ganz ähnlich gelagert wie in den beiden vorgenannten Fällen. Auch hier „erschlich" sich ein Arzt einen Vertragsarztsitz in einem zulassungsbeschränkten Planungsbereich und sollte, nachdem er den Praxisanteil des Vorgängers offenbar doch nicht (aus dem Sachverhalt nicht eindeutig ersichtlich) übernehmen wollte, von den „geprellten" Ärzten gerichtlich in Anspruch genommen werden, die ihn zum Verzicht auf die Zulassung bewegen wollten. Im Unterschied zu den vorgenannten Entscheidungen gewann hier der Beklagte den Prozess. Ein insolvenzrechtlicher Bezug ist auch dieser Entscheidung nicht zu entnehmen. Eine vergleichbare Situation lag auch einer neueren Entscheidung des LG Düsseldorf v. 27.03.2007, 6 O 389/06, MedR 2007, 605-607 zugrunde. Dort ging es insbesondere um die Frage, ob gesellschaftsrechtliche Abfindungsansprüche ein Zurückbehaltungsrecht im Hinblick auf die vertraglich vereinbarte Ausschreibungspflicht begründet. Dies verneinte das Gericht unter Bezugnahme auf das Urt. v. 25.05.2055 des OLG Saarbrücken, 4 U 73/04.

[171] ENGLER gibt eine aktuelle Übersicht über die Zulässigkeit des Zulassungsverzichts bestätigenden Entscheidungen von Instanzgerichten und Literaturstimmen, vgl. ENGLER, MedR 2010, 477, 481 f. – unter V.1.b).

[172] Ein Verfahren im einstweiligen Rechtschutz.

genüber der Kassenärztlichen Vereinigung die Verlegung seines Sitzes an. Die KV wies den Arzt darauf hin, dass er über diesen Sitz nicht mehr selbständig verfügen und ihn deshalb auch nicht verlegen könne, da er zur Konkursmasse gezogen sei. Nach der Auffassung der KV befand sich sein Vertragsarztsitz weiterhin in den alten Räumlichkeiten. Ferner gab die KV dem insolventen Arzt auf, binnen einer Frist von sieben Tagen zu erklären, dass er in den neuen Räumlichkeiten keine Kassenpatienten behandeln werde. Gegenstand des anschließenden Rechtsstreits war demnach eine Angelegenheit des sozialversicherungsrechtlichen Zulassungsrechts, insbesondere die Problematik der zulässigen Sitzverlegung. Die konkursrechtlich bedeutsame Frage der Massezugehörigkeit von Vertragsarztzulassung und Vertragsarztsitz, wofür, wie das das LSG zutreffend feststellt, die Zivilgerichte sachlich zuständig sind, war hierfür lediglich eine (wichtige) Vorfrage.

Weder die Zulassung zur vertragsärztlichen Tätigkeit noch der dem zugelassenen Vertragsarzt zugewiesene Vertragsarztsitz sind nach dem LSG pfändbar und somit nicht beschlagnahmefähig.[173]

Die fehlende Beschlagnahmefähigkeit des Vertragsarztsitzes resultiert bereits aus den Vorschriften über die Bedarfsplanung, §§ 99 ff. SGB V. Die Bedeutung des Vertragsarztsitzes ist somit auf planerische und ordnungsrechtliche Zwecke eingeschränkt.[174]

Zwar ist es zutreffend, dass § 103 IV 1 SGB V den Erben[175] gewisse Mitwirkungsrechte einräumt, wenn die Praxis von einem Nachfolger fortgeführt werden soll, indem sie die Ausschreibung des Vertragsarztsitzes betreiben können. Hieraus könne nach dem LSG aber nicht der generelle Schluss gezogen werden, die Zulassung sei nicht an den Arzt gebunden. Dagegen spreche bereits die in § 103 IV 1 SGB V festgelegte zeitliche Abfolge. Danach werden die Rechte der Erben erst dann aktuell, wenn die Zulassung zuvor – etwa durch den Tod des Vertragsarztes – erloschen ist.

Die Zulassung und der Vertragsarztsitz sind nach dem LSG unveräußerliche Rechte, die nicht pfändbar sind und somit nicht zur Konkursmasse gehören. Ein insolventer Arzt

---

[173] Das LSG verweist darauf, dass Zulassung und Vertragsarztsitz weder identisch sind, noch folgt das Schicksal des Vertragsarztsitzes notwendigerweise dem der Zulassung. (Zur Unterscheidung von Zulassung und Vertragsarztsitz siehe auch oben A. III. 3. a). Die Zulassung erfolgt für den Ort der Niederlassung als Arzt (Vertragsarztsitz), § 24 I Ärzte-ZV. Es gibt hiernach keine Zulassung ohne Vertragsarztsitz, wegen § 103 IV 1 SGB V kann es aber Vertragsarztsitze ohne Vertragsarzt geben.
[174] Das Gericht stellt zur weiteren Begründung der fehlenden Massezugehörigkeit des Vertragsarztsitzes anschließend auch historische Betrachtungen an – unter II. 3. b) (2) (b).
[175] Und auch dem Vertragsarzt selbst im Rahmen der Nachfolgeregelung.

verliert mit Konkurseröffnung nicht das Recht, die Genehmigung für die Verlegung seines Vertragsarztsitzes zu beantragen.

b) **Bundessozialgericht**

Auch nach dem Bundessozialgericht[176] ist der Vertragsarztsitz weder übertragbar noch pfändbar. Das BSG stellt klar, dass sich die Zulassung als Vertragsarzt als Zuerkennung einer öffentlich-rechtlichen Berechtigung durch Stellen der öffentlichen Verwaltung, nämlich der Zulassung- und Berufungsausschüsse, §§ 95, 96 SGB V, darstellt. Dem Arzt wird mit der Vertragsarztzulassung die Befugnis übertragen, im System der gesetzlichen Krankenversicherung die Versicherten der gesetzlichen Krankenkassen mit Wirkung für diese zu behandeln. Der Arzt muss, will er eine Zulassung erhalten, eine Reihe von Qualifikationen erfüllen, vgl. § 95 I und 95 a SGB V i.V.m. § 43 II ff. Ärzte-ZV; 98 II Nr. 10 SGB V i.V.m. §§ 18, 20, 21 Ärzte-ZV. Daher ist auch nach Auffassung des BSG die Vertragsarztzulassung untrennbar mit der Person des Berechtigten verbunden. Eine solchermaßen ausgestaltete öffentlich-rechtliche Berechtigung ist ebenso wenig übertragbar oder pfändbar wie etwa der Status als Rechtsanwalt. Im Konkurs des Vertragsarztes fällt die Kassenzulassung somit nicht in die Masse mit der Folge, dass der Konkursverwalter über sie verfügen oder sie verwerten könnte.

Dieses Ergebnis folgt auch aus der Funktion der Zulassung, die den Vertragsarzt berechtigt, Versorgungsleistungen im System der vertragsärztlichen Versorgung und zu dessen finanziellen Lasten zu erbringen. Es muss also Klarheit darüber herrschen, welcher Arzt zu welchem Zeitpunkt den Status eines Vertragsarztes hat. Daher wird der Vertragsarztstatus auch förmlich und nicht rückwirkend erteilt. Entsprechendes gilt für die Beendigung der Zulassung. Im Interesse des Systems und für den Schutz des betroffenen Arztes durch Art. 12 GG muss klar geregelt sein, in welchen Fällen eine Zulassung endet. Eingriffe in den Vertragsarztstatus bedürfen einer hinreichend klaren Ermächtigung. Im Katalog der Erlöschens- oder Entziehungsgründe gemäß § 95 VII SGB V i.V.m. § 27 Ärzte-ZV ist der Entzug der Zulassung – etwa wegen Vermögensverfalls oder Insolvenz – nicht aufgeführt.[177] Auch aus den Bestimmungen des § 103 IV ff. SGB V für

---

[176] Urt. v. 10.05.2000, B 6 KA 67/98 R, NZS 2001, 160 = MedR 2001, 159 (Vorinstanz: LSG Nordrhein-Westfalen, Urt. v. 07.10.1998, L 11 KA 62/98).

[177] Das BSG erwägt, ob ggf. im Rahmen des § 95 VI SGB V geprüft werden kann, ob der durch die Konkurseröffnung offenbar werdende Verfall der wirtschaftlichen Verhältnisse des Vertragsarztes sich als persönliche Unzuverlässigkeit, die einen in der Person des Arztes schwerwiegenden Mangel im Sinne des § 21 Ärzte-ZV darstellt. Hier-

die Praxisnachfolge lässt sich nach dem BSG keine Übertragung des Zulassungsstatus ableiten. Diese Regelung, die einen Vertragsarztsitz ungeachtet der Beendigung der Zulassung fortbestehen und auf einen anderen Vertragsarzt übergehen lässt, hat lediglich Ausnahmecharakter. Zudem ist diese Norm zur Regelung der Übertragung des Vertragsarztsitzes ausschließlich auf den Fall der Praxisnachfolge beschränkt.

Nach dem BSG verliert der Vertragsarzt daher mit Konkurseröffnung nicht die Befugnis zur Verfügung über den Vertragsarztsitz und hat somit auch nach Konkurseröffnung das Recht und die Befugnis, die Verlegung des Vertragsarztsitzes zu beantragen.

III. Insolvenzrechtliche Begründung

Die (fehlende) Massezugehörigkeit der vertragsärztlichen Zulassung wird mit Hinweis auf § 857 III ZPO begründet.[178] Nach dieser Vorschrift ist ein unveräußerliches Recht in Ermangelung besonderer Vorschriften der Pfändung insoweit unterworfen, als die Ausübung einem anderen überlassen werden kann.

Weil der Vertragsarzt seine Zulassung nicht einem anderen überlassen kann, handelt es sich bei der Vertragsarztzulassung folglich um ein unveräußerliches und damit unpfändbares Recht im Sinne von § 857 III ZPO. Zulassung und der ihm zugewiesene Vertragsarztsitz unterliegen demnach nicht dem Zugriff in der Einzelvollstreckung und wird über § 36 I InsO auch nicht vom Insolvenzbeschlag erfasst.[179]

IV. Zwischenfeststellung

Die geschlossene Übernahme der sozialrechtlichen Rechtsprechung zur Frage der Massezugehörigkeit der vertragsarztrechtlichen Zulassung im Rahmen eines Insolvenzverfahrens über das Vermögen eines zur Teilnahme an der vertragsärztlichen Versorgung berechtigten Arztes in die insolvenzrechtliche Literatur (und offenbar auch in die Verwalterpraxis)[180] erstaunt schon sehr.

---

für bedarf es aber einer Entscheidung der Zulassungsgremien, die in einem förmlichen Verfahren ergehen muss, §§ 95 VI SGB V, 27 Ärzte-ZV.
[178] Vgl. etwa MAI, Insolvenz des Freiberuflers, S. 44; SCHILDT, Insolvenz des Freiberuflers, S. 27. Diese Argumentation ist dem Urteil des LSG NRW entlehnt. Das BSG führte hierzu nichts aus.
[179] SCHILDT, a.a.O.
[180] Vgl. etwa Bange, ZInsO 2006, 362, 364.

Gegen diese einhellige Ansicht lässt sich durchaus Kritik vorbringen: Zunächst haben offenkundig insolvenzrechtliche Fragen sowohl in der Entscheidung des Landessozialgerichts Nordrhein-Westfalen als auch in der des Bundessozialgerichts allenfalls am Rande eine Rolle gespielt. Die Entscheidungen sind vielmehr geprägt durch vertragsarztrechtliche, also sozialversicherungsrechtlich Überlegungen. Zudem ist anzumerken, dass sich Insolvenz- und Vertragsarztrecht seit diesen Entscheidungen grundsätzlich weiterentwickelt haben. War der Arzt-Konkurs zu Zeiten der früheren Konkursordnung noch eine seltene Ausnahme, hat sich dies seit der Einführung der Insolvenzordnung grundlegend geändert. Auch das Vertragsarztrecht unterlag einem Wandel. So ist es fraglich, ob man angesichts der Tatsache, dass sich mehrere (angestellte) Ärzte einen Vertragsarztsitz teilen können (Job-Sharing),[181] dass Ärzte lediglich einen hälftigen Versorgungsauftrag übernehmen (Teilzulassung)[182] oder ihren Beruf in der Rechtsform einer juristischen Person des Privatrechts ausüben können (Ärzte-GmbH)[183] oder dass, worauf noch näher einzugehen sein wird, Institutionen – wie MVZ – zur vertragsärztlichen Versorgung zugelassen werden können (Institutszulassung), die Massezugehörigkeit der Vertragsarztzulassung noch mit dem Argument ablehnen kann, die Zulassung sei wegen ihres höchstpersönlichen Charakters untrennbar mit der Person des Arztes verbunden.

---

[181] Durch das 2. GKV-NOG v. 23.06.1997 (BGBl. I 1997 I, 1520) wurde die Möglichkeit geschaffen, dass ein Arzt trotz Zulassungsbeschränkungen eine Zulassung erhält, wenn er die vertragsärztliche Tätigkeit in Berufsausübungsgemeinschaft mit einem im Planungsbereich bereits zugelassenen Vertragsarzt desselben Fachbereichs oder, soweit die Weiterbildungsordnungen Facharztbezeichnungen vorsehen, derselben Facharztbezeichnung ausübt, § 101 I Nr. 4, III SGB V i.V.m. Nr. 23a-23h BedarfsplRl-Ä.

[182] § 19a II Ärzte-ZV.

[183] Während die Gesellschaft mit beschränkter Haftung gemäß § 1 GmbHG zu jedem gesetzlich zulässigem Zweck errichtet werden kann, herrschte früher überwiegend die Meinung vor, Ärzte könnten nicht in der Rechtsform einer juristischen Person des Privatrechts kooperieren, vgl. AG Saarbrücken, GmbHR 1989, 297. Nach der Rechtsprechung des Bundesgerichtshofs (BGH, Urt. v. 25.11.1993, I ZR 281/91, BGHZ 124, 224, 225 ff. = NJW 1994, 786 = MedR 1994, 152. A.A. etwa BayVerfGH, Urt. v 13.12.1999, Vf-5-VII-95, NJW 2000, 3418) wurde mit dieser Einschränkung unverhältnismäßig in die durch Art. 12 I GG gewährleistete Berufsfreiheit eingegriffen, auf die sich gemäß Art. 19 III GG juristische Personen des Privatrechts berufen können, Tettinger/Mann in Sachs, Grundgesetz, Art. 12 Rn 22. Folgerichtig erlaubt die Musterberufsordnung in der Fassung vom 107. Deutschen Ärztetag 2004 nunmehr die ärztliche Betätigung in der Form der juristischen Person des Privatrechts, § 23a I MBO-Ä. Einige Landesärztekammern verzichten jedoch bislang auf eine Novellierung ihrer jeweiligen Berufsordnung. Die Berufsausübung als Ärzte-GmbH ist zudem an verschiedene Voraussetzungen geknüpft, vgl. § 23a I 4 MBO-Ä. So muss die Geschäftsführung mehrheitlich durch Ärzte vertreten sein und die Mehrheit der Anteile muss sich in ärztlicher Hand befinden, § 23 I 4 Buchstabe a und b MBO-Ä. Die Bundesärzteordnung, hierbei insbesondere § 2 V BÄO, der die Ausübung des Berufs unter der Berufsbezeichnung „Arzt" oder „Ärztin" verlangt, steht der ärztlichen Tätigkeit in der Rechtsform einer GmbH nicht entgegen; Antwort der Bundesregierung auf Kleine Anfrage, BT-Drucks. 13/8315, S. 6.

V. Schicksal der MVZ-Zulassung bei Insolvenzeröffnung

Nachfolgend ist zu prüfen, ob sich die Auffassung vertreten lässt, dass mit Eröffnung des Insolvenzverfahrens über das Vermögen eines MVZ das nach § 103 IV 1 SGB V dem Vertragsarzt (bzw. dessen Erben) zugewiesene Recht auf Ausschreibung des Vertragsarztsitzes auf den Insolvenzverwalter übergeht.

1. Zulassungsentzug und -beendigung

Zuvor ist zu untersuchen, ob mit Eröffnung des Insolvenzverfahrens über das Vermögen des (Trägers eines) Medizinischen Versorgungszentrums dessen Fähigkeit endet, an der vertragsärztlichen Versorgung gesetzlicher Versicherter teilzunehmen.

a) Zulassungsentzug gemäß § 95 VI 1 SGB V

Dies wäre zu bejahen, wenn in der Insolvenzverfahrenseröffnung ein Entziehungsgrund im Sinne von § 95 VI SGB V zu sehen ist. Gemäß Satz 1 a.a.O. ist dem Vertragsarzt die Zulassung zu entziehen, wenn die Voraussetzungen für ihre Erteilung nicht oder nicht mehr vorliegen, der Vertragsarzt die vertragsärztliche Tätigkeit nicht aufnimmt oder nicht mehr ausübt oder er seine vertragsärztlichen Pflichten gröblich verletzt.

aa) Voraussetzung für die Erteilung der vertragsärztlichen Zulassung

Die Einzelheiten über die Zulassung von Vertragsärzten sind in der Ärzte-ZV geregelt. Zunächst ist als fachliche Voraussetzung für die Zulassung eines Vertragsarztes gemäß § 95 II 1 SGB V der Nachweis zu führen über dessen Eintrag im Arztregister. Arztregister werden von der Kassenärztlichen Vereinigung für jeden Zulassungsbezirk[184] geführt. Weitere Voraussetzung ist die persönliche Eignung des Bewerbers. Für die Ausübung vertragsärztlicher Tätigkeit ungeeignet ist ein Arzt, der (1.) wegen eines Beschäftigungsverhältnisses oder wegen anderer nicht ehrenamtlicher Tätigkeit für die Versor-

---

[184] Genaue Abgrenzung und Größe der Bezirke regeln gem. § 98 II 7 SGB V die Zulassungsverordnungen (für Vertragsärzte: § 11 Ärzte-ZV).

gung der Versicherten persönlich nicht in erforderlichem Maß zur Verfügung steht[185], der (2.) eine ärztliche Tätigkeit ausübt, die ihrem Wesen nach mit der Tätigkeit des Vertragsarztes am Vertragsarztsitz nicht zu vereinbaren ist[186] oder (3.) ein Arzt mit geistigen oder sonstigen persönlichen schwerwiegenden Mängeln, insbesondere ein Arzt, der innerhalb der letzten fünf Jahre vor seiner Antragstellung rauschgiftsüchtig oder alkoholabhängig war, §§ 20, 21 Ärzte-ZV.[187] Voraussetzung ist ferner ein schriftlicher Antrag des Arztes, den die in § 18 Ärzte-ZV geforderten Unterlagen beizufügen sind.[188] Die Zulassung gilt nur für einen bestimmten Ort mit konkret bezeichneter Anschrift[189], der sogenannte Vertrags- oder Kassenarztsitz, § 24 I Ärzte-ZV,[190] an dem der Arzt seine Sprechstunde abhalten muss (Präsenzpflicht), § 24 II 1 Ärzte-ZV. Die ohne rechtzeitig gestellten Sitzverlegungsantrag an einem anderen Ort erbrachten Leistungen sind nicht vergütungsfähig.[191] Der Arzt muss in der Nähe[192] seiner Praxis wohnen (Residenzpflicht), um dort für Notfälle erreichbar zu sein.[193]

Der Antragsteller hat Anspruch auf Zulassung, wenn die gesetzlich geforderten Voraussetzungen vorliegen. Ein Ermessensspielraum besteht für den Zulassungsausschuss insoweit nicht. Das gilt jedoch nicht bei Überversorgung und Unterversorgung.[194]

---

[185] Zu Umfang und Art zulässiger Nebentätigkeiten vgl. § 20 I, II Ärzte-ZV. Nach der Rechtsprechung des BSG gilt der Grundsatz, dass eine Nebentätigkeit in abhängiger Beschäftigung maximal 13 Stunden pro Woche umfassen darf, BSG, Urt. v. 05.02.2003, B 6 KA 22/02 R, SozR 4-2500 § 95 Nr. 2 Rn 16; BSG, Urt. v. 29.11.2006, B 6 KA 23/06, SozR 4-1500 § 153 Nr. 3 Rn 15; BSG, Urt. v. 02.09.2009, B 6 KA 34/08 R, BSGE 103 = SozR 4-2500 § 101 Nr. 5 Rn 20.
[186] Die Tätigkeit in oder die Zusammenarbeit mit einem zugelassenen Krankenhaus nach § 108 SGB V oder einer Vorsorge- oder Rehabilitationseinrichtung, § 111 SGB V, ist mit der Tätigkeit des Vertragsarztes vereinbar, § 20 II 2 Ärzte-ZV.
[187] Die Altersgrenzen für die Zulassungserteilung bzw. -beendigung (55 bzw. 68 Jahre) gelten nicht mehr. Hierzu eingehend Krauskopf/Clemens in Laufs/Kern, § 29 Rn 67 ff.
[188] Bsp.: Auszug aus dem Arztregister, Bescheinigung über ausgeübte ärztliche Tätigkeiten (nach der Approbation), Lebenslauf, polizeiliches Führungszeugnis, Bescheinigung der KV über bisherige selbständige Praxen.
[189] Die Sitzverlegung bedarf einer Genehmigung, § 24 VII Ärzte-ZV.
[190] Der Begriff „Vertragsarztsitz" ist demnach abzugrenzen vom Begriff „Zulassung". Die Zulassung des Vertragsarzt ist der umfassende statusbegründende Akt für die Berufsausübung als Vertragsarzt im System der GKV; Joussen in Becker/Kingreen, SGB V, § 95 Rn 2.
[191] BSG, Urt. v. 31.05.2006, B 6 KA 7/05 R, SozR 4-5520 § 24 Nr. 2.
[192] Ausreichend sind 30 Minuten, BSG, Urt. v. 05.11.2003, B 6 KA 2/03 R, SozR 4-5520 § 24 Nr. 1 Rn 16 ff, 21 = MedR 2004, 405, 408.
[193] Krauskopf/Clemens in Laufs/Kern, § 29 Rn 17.
[194] Überversorgung in der vertragsärztlichen Versorgung liegt vor, wenn der allgemeine bedarfsgerechte Versorgungsgrad um 10 % überschritten ist, § 101 I 3 SGB V. Bedarfsgerechter Versorgungsgrad ist das Verhältnis von Ärzten – einer bestimmten (Fach-)Arztgruppe, § 101 I 2 SGB V – zu Einwohnern. Die Feststellung der Überversorgung geschieht durch Vergleich der örtlichen zu den allgemeinen Verhältniszahlen. Im Interesse einer einheitlichen Anwendung der Verfahren bei Bedarfsplanung und Zulassungsbeschränkungen im Rahmen der vertragsärztlichen Versorgung aufgrund von Überversorgung und Unterversorgung wird der Gemeinsame Bundesausschuss durch § 101 I 1 SGB V zum Erlass von Richtlinien ermächtigt, in denen die Verhältniszahlen oder neue Verhältniszahlen festgelegt werden, wenn dies erforderlich ist, § 101 II 1 SGB V. Ein Planungsbezirk, in dem Überversorgung vorliegt, ist für Neuzulassungen gesperrt, § 103 SGB V i. V. m. § 16b Ärzte-ZV. Trotz Überbedarfs kann ein Bewerber zugelassen werden, wenn in einem Fachgebiet nicht in ausreichendem Maße ambulante Operationen angeboten werden können, § 24b BedarfsplRl-Ä, oder wenn es zur Sicherstellung der

Rechtsfolge des Wegfalls vorbeschriebener Voraussetzungen ist der Zulassungsentzug. Fraglich ist, ob standesrechtliche Vorschriften relevant sein können. Eine berufsrechtliche Regelung, wonach die Approbation des Arztes bei Vermögensverfall oder Insolvenz zu widerrufen ist, existiert indes nicht.[195] Vermögensverfall oder Insolvenz des Vertragsarztes sind demgemäß keine zulässigen Entziehungsgründe. Entsprechendes gilt für das MVZ, so dass allein mit der Insolvenzeröffnung ein Entzug der MVZ-Zulassung gemäß § 95 VI 1 SGB V nicht in Frage kommt.

bb) Nichtaufnahme oder Nichtausübung der vertragsärztlichen Tätigkeit

Nimmt der Vertragsarzt die vertragsärztliche Tätigkeit nicht auf bzw. übt er diese nicht mehr aus, ist die Zulassung gemäß § 95 VI 1 SGB V zu entziehen. Solange sich das Zentrum leistungsbereit zeigt und gesetzlich versicherte Patienten behandelt, scheidet ein Zulassungsentzug aus.

cc) Gröbliche Verletzung vertragsärztlicher Pflichten

Die gröbliche Verletzung vertragsärztlicher Pflichten führt zum Zulassungsentzug. Die (Vermeidung der) Eröffnung eines Insolvenzverfahrens zählt jedoch nicht zu den origi-

---

Dialyseversorgung erforderlich ist, § 24e BedarfsplRl-Ä. Ferner ist eine Zulassung ungeachtet bestehenden Überbedarfs möglich bei Vorliegen eines lokalen oder eines besonderen Sonderbedarfs, § 24 S. 1 Buchst. a bzw. b BedarfsplRl-Ä. Das setzt jedoch voraus, dass der Sonderbedarf in einem Umfang vorhanden ist, auf dem sich eine wirtschaftlich tragfähige Praxis errichten lässt. Zur belegärztlichen Sonderbedarfszulassung, § 103 VII SGB V, enthält die Bedarfsplanungsrichtlinie keine Regelungen. Notwendig für eine Zulassung in einem gesperrten Planungsbereich ist die Ausschreibung eines Belegarztvertrages durch den Krankenhausträger. Scheitern die Verhandlungen mit einem im Planungsbereich niedergelassenen Vertragsarzt, kann der Krankenhausträger mit einem bisher im Planungsbereich nicht niedergelassenen geeigneten Arzt einen Belegarztvertrag schließen. Der Belegarzt erhält eine auf die Dauer der belegärztlichen Tätigkeit beschränkte Zulassung; die Beschränkung entfällt bei Aufhebung der Zulassungsbeschränkungen oder spätestens nach Ablauf von zehn Jahren. Die Prüfung der Voraussetzungen für die Anordnung von Zulassungsbeschränkungen erfolgt spätestens nach jeweils sechs Monaten durch den Landesausschuss der Ärzte und Krankenkassen (§ 90 SGB V), § 16b III Ärzte-ZV. Kommt der Landesausschuss zu dem Schluss, dass keine Überversorgung mehr besteht, so ist der Planungsbereich zunächst partiell durch Aufhebung von Beschränkungen für Job-Sharing und Sonderbedarfszulassungen zu öffnen, § 23 BedarfsplRl-Ä. Erst anschließend können Neuzulassungen vergeben werden.
Eine Unterversorgung in der vertragsärztlichen Versorgung der Versicherten liegt vor, wenn in bestimmten Planungsbereichen vorgesehene Vertragsarztsitze nicht nur vorübergehend unbesetzt bleiben und dadurch eine unzumutbare Erschwernis in der Inanspruchnahme vertragsärztlicher Leistungen eintritt, die auch durch Ermächtigung von Ärzten und ärztlich geleiteten Einrichtungen nicht behoben werden kann, § 28 BedarfsplRl-Ä. (Drohende) Unterversorgung in einem Zulassungsbezirk hat zunächst Maßnahmen zur Verbesserung der Versorgung im Zulassungsbezirk, und, wenn diese nicht greifen, Zulassungsbeschränkungen in nicht unterversorgten Gebieten zur Folge, § 100 SGB V.

[195] Anders bei Rechtsanwälten (§ 14 II Nr. 7 BRAO), Steuerberatern (§ 46 I Nr. 4 StBerG), Wirtschaftsprüfern (§ 20 II Nr. 5 WPO), Notaren (§ 50 I Nr. 6, 8 BNotO), Patentanwälten (§ 21 II Nr. 8 Patenanwaltsordnung) oder Architekten (Löschung aus der Architektenliste erfolgt nach dem Architektengesetz des jeweiligen Bundeslandes, vgl. etwa VGH Baden-Württemberg, Beschl. v. 21.12.1992, 9 S 1870/92).

nären Pflichten eines Vertragsarztes, so dass ein Zulassungsentzug darauf nicht gestützt werden kann.[196]

b) Zulassungsentzug gemäß § 95 VI 3 SGB V

Einen weiteren Entziehungsgrund formuliert § 95 VI 3 SGB V. Nach dieser Vorschrift ist dem Versorgungszentrum die vertragsarztrechtliche Zulassung zu entziehen, wenn die Gründungsvoraussetzungen gemäß § 95 I 6 2. HS SGB V länger als sechs Monate nicht mehr vorliegen. Dies ist der Fall, wenn ein MVZ-Gründer seinerseits seine GKV-Teilnahmeberechtigung (Zulassung, Ermächtigung oder Vertrag) verliert.

Die Ursachen dafür können sehr vielschichtig sein, weshalb im Rahmen der vorliegenden Arbeit darauf nicht näher eingegangen werden kann. Denkbar ist aber, dass ein MVZ-Gründer als Folge der Insolvenz des Zentrums selbst in eine wirtschaftliche Krise gerät und Insolvenz anmelden muss. Der ärztliche Leistungserbringer verliert, wie festgestellt, seine Vertragsarztzulassung dadurch nicht. Gleiches wird für die Ermächtigung zu gelten haben.[197] Das Zulassungsrecht anderer (nichtärztlicher) Leistungserbringer, die gleichermaßen Gründer eines MVZ sein können, sehen ebenfalls keinen Widerruf für den Fall vor, dass der Leistungserbringer in Insolvenz fällt.[198]

Etwas anderes kann jedoch gelten, wenn die MVZ-Errichtung (auch) auf Basis eines Vertrages eines der Gründer beruht. Sofern in dessen Vertragswerk ein (außerordentliches) Kündigungsrecht für den Fall des Vermögensverfalls oder der Insolvenz enthalten ist und die Krankenkassen(verbände) davon Gebrauch machen, könnte dies zum Wegfall der Gründungsvoraussetzungen im Sinne von § 95 I 6 SGB V führen und damit

---

[196] So auch SEIDLER, Selbständige in der Insolvenz, S. 101.
[197] Die zweite Form der Beteiligung an der vertragsärztlichen Versorgung entsteht durch Ermächtigung. Im Unterschied zur Zulassung begründet sie keine Mitgliedschaft in der Kassenärztlichen Vereinigung. Sie dient vordergründig der Behebung eines Versorgungsdefizits und kann sich nur auf medizinisch-fachliche Kriterien beziehen. Nach pflichtgemäßem Ermessen können die Zulassungsausschüsse Ärzte, insbesondere in Krankenhäusern und Einrichtungen der beruflichen Rehabilitation, sowie Einrichtungen zur Teilnahme an der vertragsärztlichen Versorgung ermächtigen, § 31 I Ärzte-ZV. Voraussetzung für die Ermächtigung ist eine bestehende oder unmittelbar drohende Unterversorgung oder die Versorgung eines nur begrenzten Personenkreises. Ergänzend hierzu enthält § 116 II SGB V, § 31a I Ärzte-ZV bei Versorgungslücken eine Institutsermächtigung für Krankenhäuser. Gemäß § 116 S. 2 SGB V besteht ein Rechtsanspruch auf Ermächtigung, wenn Bedarfsabhängigkeit vorliegt und die arztbezogenen Voraussetzungen erfüllt sind. Im Verhältnis zur Zulassung ist die Ermächtigung nachrangig. Die Ermächtigung wird zeitlich, räumlich und in ihrem Umfang befristet; nach Ablauf ist sie neu zu beantragen und neu zu erwerben. Eine rückwirkende Ermächtigung ist nicht möglich. Grundsätzlich wird die Ermächtigung nicht wegen veränderter Bedarfslage widerrufen. In der Regel beschränkt sich die Ermächtigung auf konkrete EBM-Ziffern.
[198] So ist bspw. die Zulassung des Heilmittelerbringers gem. § 124 VI SGB V (nur) zu widerrufen, wenn der Leistungserbringer nach Erteilung der Zulassung die Zulassungsvoraussetzungen gem. § 124 II Nr. 1, 2 oder 3 SGB V nicht mehr erfüllt. Entsprechendes gilt für die anderen Leistungserbringer des SGB V.

– nach sechsmonatiger Karenzzeit – den Entzug der dem MVZ erteilten Zulassung gemäß § 95 VI 3 SGB V rechtfertigen.

c) Zulassungsbeendigung gemäß § 95 VII 2 V

Die MVZ-Zulassung endet mit Wirksamwerden eines Verzichts, der Auflösung oder mit dem Wegzug des zugelassenen Zentrums aus dem Bezirk des Vertragsarztsitzes. Relevant im Zusammenhang mit der vorliegend zu erörternden Problematik ist lediglich die Frage, was unter „Auflösung" zu verstehen ist.

Gemäß § 60 I Nr. 4 GmbHG wird eine Gesellschaft mit beschränkter Haftung durch die Eröffnung des Insolvenzverfahrens „aufgelöst"; entsprechendes gilt für die BGB-Gesellschaft nach der Vorschrift des § 728 I 1 BGB. Bei wortgetreuer Auslegung führte demnach die Eröffnung des Insolvenzverfahrens über das Vermögen einer MVZ-GmbH (oder eine MVZ-GbR) zur Beendigung der Kassenzulassung. Hiergegen lässt sich jedoch einwenden, dass ein solches Verständnis der Intention des Insolvenzrechts zuwiderlaufen würde. § 1 S. 1 InsO formuliert die Ziele des Insolvenzverfahrens. Danach soll das Verfahren dazu dienen, die Gläubiger eines Schuldners gemeinschaftlich zu befriedigen, indem entweder das Vermögen des Schuldners verwertet und der Erlös verteilt wird oder in einem Insolvenzplan eine abweichende Regelung insbesondere zum Erhalt des Unternehmens getroffen wird. Neben der Liquidation sieht die Insolvenzordnung in der Unternehmensfortführung (durch Insolvenzplan) ein probates Mittel zur Gläubigerbefriedigung. Würde aber die vertragsarztrechtliche Zulassung einer MVZ-GmbH mit Verfahrenseröffnung (automatisch) enden, wäre eine Unternehmensfortführung aus wirtschaftlichen Gründen ausgeschlossen, da die hauptsächlichen Innenfinanzierungsquellen entfielen. Es könnte eingewandt werden, der Gesetzgeber des SGB V könne bei der Regelung des Leistungserbringerrechts im Rahmen der GKV auf insolvenzrechtliche Belange keine Rücksicht nehmen. Dagegen spricht nicht nur § 95 II 6 SGB V, wonach die Gesellschafter eines MVZ, die in der Rechtsform einer juristischen Person des Privatrechts organisiert sind, im Rahmen des Zulassungsverfahrens zusätzlich eine selbstschuldnerische Bürgschaft abgeben müssen. Zweck dieser Vorschrift ist die Sicherung von Haftungsansprüchen im Krisenfall.[199] Auch § 171 b SGB V, der seit

---

[199] Die Bürgschaft dient zur Absicherung von Ansprüchen der Kassenärztlichen Vereinigung und Krankenkassen in der Krise der MVZ-GmbH, deren Haftung nach § 13 II GmbH auf das Gesellschaftsvermögen begrenzt ist. Auch bürgschaftsrechtliche Gründe sprechen gegen eine Beendigung der sozialrechtlichen Zulassung bei „Auflösung"

kurzem die Insolvenzfähigkeit der Krankenversicherungsträger vorsieht, spricht für eine uneingeschränkte Anwendung der Insolvenzordnung.

Im Ergebnis dieser Überlegungen wird man den Standpunkt vertreten können, dass „Auflösung" nicht im gesellschaftsrechtlichen Sinne von § 60 I Nr. 4 GmbH bzw. § 728 I 1 BGB zu verstehen ist, sondern damit die tatbestandliche Beendigung der MVZ-Existenz als organschaftliche Einheit in der vertragsärztlichen Leistungserbringung gemeint ist. Für diese Ansicht sprechen auch systematische Gründe: Gemäß § 95 VII 1 SGB V endet die Zulassung eines Vertragsarzt bei Tod, Verzicht oder Wegzug. Nach § 95 VII 2 SGB V endet die Zulassung eines MVZ bei Verzicht, Auflösung oder Wegzug. Der „wirtschaftliche Tod" eines Vertragsarztes, also dessen Insolvenz, soll, wie festgestellt, keine Zulassungsbeendigung zur Folge haben. Entsprechendes muss für eine MVZ-tragende GmbH oder BGB-Gesellschaft gelten. Nicht deren rechtliche Auflösung infolge Insolvenzeröffnung kann demnach die Zulassungsbeendigung zur Folge haben, sondern nur die tatsächliche Einstellung ihrer vertragsärztlichen Tätigkeit.

d) Zwischenfeststellung

Wird über das Vermögen eines MVZ das Insolvenzverfahren eröffnet, hat dies (allein) weder den Entzug der vertragsarztrechtlichen Behandlungs- und Abrechnungserlaubnis nach § 95 VI 1, 3 SGB V noch die Zulassungsbeendigung nach § 95 VII 2 SGB V zur Folge.

2. Ausschreibungsrecht des Insolvenzverwalters nach § 103 IV 1 SGB V

Nunmehr soll der Frage nachgegangen werden, ob das nach § 103 IV 1 SGB V dem Vertragsarzt (bzw. dessen Erben) zustehende Recht auf Ausschreibung des Vertragsarztsitzes (im zulassungsgesperrten Planungsbereich) mit Eröffnung des Insolvenzverfahrens über das Vermögen eines MVZ auf den Insolvenzverwalter übergeht.

---

der MVZ-GmbH bei Insolvenzverfahrenseröffnung: Es wäre „treuwidrig", einerseits den MVZ-GmbH-Gesellschafter aus seiner Bürgschaft nach § 95 II 6 SGB V für Verbindlichkeiten der Gesellschaft haften zu lassen, andererseits aber der Gesellschaft die Chance auf Fortführung ihrer Geschäftstätigkeit dadurch zu versagen, dass deren Zulassung zur Versorgung gesetzlich Versicherter beendet wird, wodurch der Rückgriffsanspruch des Bürgen nach § 774 BGB wertlos würde.

Vorab ist zu klären, ob es hierauf überhaupt ankommt. Denn der Insolvenzverwalter könnte die Anteile an einer MVZ-Gesellschaft auf gründungsberechtigte Dritte übertragen, wodurch die MVZ-Zulassung (Institutszulassung) ohne Durchführung eines Nachbesetzungsverfahrens auf den Erwerber überginge.[200] Voraussetzung für diesen Weg ist jedoch die Zustimmung der bisherigen MVZ-Gesellschafter. Das Ergebnis dieses Lösungsansatzes ist also kein anderes, als wenn der Schuldner selbst den Vertragsarztsitz ausschreiben würde. Es geht vorliegend jedoch darum, ob der Verwalter – auch gegen den Willen der MVZ-Anteilseigner – die Kassenzulassung (nebst Praxis) an einen Dritten übertragen kann. Der Argumentation der sozialgerichtlichen Rechtsprechung zufolge, soll die Übertragung der Zulassung an der Höchstpersönlichkeit des dem Zulassungsträger damit verliehenen Rechts scheitern. An dieser Sichtweise können, wie bereits angesprochen, durchaus Zweifel angemeldet werden.

Gegen ein Ausschreibungsrecht nach § 103 IV 1 SGB V spricht auch, dass weder der Insolvenzverwalter als persönlicher Adressat der Norm noch die Insolvenz als Ausschreibungsanlass ausdrücklich genannt werden. In Betracht kommt daher eine entsprechende Anwendung der Vorschrift.

Das Gesetz benennt folgende Ausschreibungsanlässe: Erreichen der Altersgrenze, Tod, Verzicht oder Entziehung. Altersgrenzen spielen im Vertragsarztrecht allgemein und für das MVZ im Besonderen keine Rolle (mehr).[201] Nach den bisherigen Feststellungen hat die Insolvenz des ärztlichen Leistungserbringers weder den Verzicht noch die Entziehung der Zulassung zur Folge. Fraglich kann demnach nur sein, ob unter dem Begriff „Tod" i. S. v. § 103 IV 1 SGB V die MVZ-Insolvenz subsummiert werden kann. Nach § 95 VII 1 SGB V endet die Zulassung des Vertragsarztes bei dessen „Tod", wohingegen gem. § 95 VII 2 SGB V die MVZ-Zulassung bei „Auflösung" des Zentrums enden soll. Das in § 103 IV SGB V geregelte Nachbesetzungsverfahren hat die MVZ-Zulassungsnachfolge – im Gegensatz zur Zulassungsbeendigung nach § 95 VII SGB V – nicht separat geregelt. Im Fall der Entziehung einer MVZ-Zulassung ist neben den allgemeinen Regelungen in § 95 VI 1 SGB V zusätzlich S. 3 a.a.O. anzuwenden.[202] Insoweit ist auch im Nachbesetzungsverfahren auf die allgemein für Vertragsärzte geltenden Vorschriften abzustellen, zumal § 1 III Nr. 2 Ärzte-ZV die Anwendung der Zulassungsregelungen auf Medizinische Versorgungszentren erweitert. Weder altert („Erreichen der

---

[200] KONERDING, Vertragsarztsitz im MVZ, S. 217.
[201] Oben Fn. 187.
[202] „... ist die Zulassung *auch* dann zu entziehen..."

Altersgrenze") ein MVZ noch stirbt („Tod") es. Sinn und Zweck des Nachbesetzungsverfahrens ist die (werterhaltende) Übertragung der Arztpraxis. Der Vertragsarzt, der am Ende seiner beruflichen Tätigkeit steht, soll die Möglichkeit erhalten, das Produkt seiner Lebensleistung, die sich im Wert seiner Arztpraxis manifestiert hat, als verfassungsrechtlich geschützte Vermögensposition gem. Art. 14 GG – zu individueller Altersvorsorge oder zur Versorgung seiner Erben – zu erhalten. Die Ausschreibung des MVZ-Vertragsarztsitzes durch den Insolvenzverwalter erfüllt diese Funktion, obgleich der Nutznießer weder die MVZ-Träger noch etwaige Erben sind. Daher ist fraglich, ob die Vorschriften über das Nachbesetzungsverfahren im MVZ-Insolvenzverfahren Anwendung finden. Dies ist im Ergebnis zu bejahen. Denn für die Anwendung des vertragsarztrechtlichen Nachbesetzungsverfahrens kann es nicht ausschlaggebend sein, dass der (insolvente) Arzt selbst oder dessen Erben in den Genuss des vergegenständlichten Praxiswertes kommen. Es ist nicht nachvollziehbar, weshalb dem Arzt eine insolvenzrechtliche Sonderstellung eingeräumt werden soll, die dadurch entstünde, wenn dessen (durch die Zulassung in einem gesperrten Bezirk erst werthaltige) Praxis nicht zugunsten seiner Gläubiger verwertet werden könnte. Im Übrigen erscheint es auch im Hinblick auf die durch die Insolvenzordnung geschaffene Möglichkeit der Restschuldbefreiung unbillig, dem Arzt den Wert der Kassenpraxis zu belassen und dessen Gläubiger auf die Wirkungen der Restschuldbefreiung gemäß § 301 I 1 InsO zu verweisen.

a) Ausschreibungsrecht bei Angestellten-MVZ

Nach der hier vertretenen Auffassung sprechen die besseren Argumente dafür, dass das in § 103 IV 1 SGB V für den Vertragsarzt vorgesehene Recht auf Ausschreibung des Vertragsarztsitzes mit der Eröffnung des Insolvenzverfahrens über das Vermögen eines Medizinischen Versorgungszentrums auf den Insolvenzverwalter übergeht.
Dieses Ergebnis ist jedenfalls zu bevorzugen für das sog. Angestellten-MVZ, in der das Zentrum ausschließlich mit angestellten Ärzten betrieben wird. Ein solches Zentrum stellt – bei nichtärztlicher Trägerschaft – keine freiberufliche Tätigkeit mehr dar; vielmehr handelt es sich eine unternehmerische Tätigkeit.[203] In dieser Variante stellt das MVZ eine Abkehr vom Grundsatz der persönlichen Leistungserbringung dar, vgl. § 19 I

---

[203] WIGGE/BOOS/OSSEGE in Wigge/von Leoprechting, Handbuch MVZ, S. 117.

MBO-Ä, § 15 I SGB V.[204] Es ist daher nicht einsichtig, weshalb das Angestellten-MVZ im Rahmen eines Insolvenzverfahrens eine im Vergleich zu einem „normalen" Unternehmen bevorzugte Behandlung erfahren sollte, die aber vorläge, wenn die – ggf. nichtärztlichen – Träger des Angestellten-MVZ die Verfügungsbefugnis des Insolvenzverwalters über die wertbestimmende Kassenzulassung verhindern könnten.

Dieses Ergebnis dürfte auch mit der Rechtsprechung des BGH zum Zulassungsverzicht[205] in Übereinstimmung zu bringen sein. Nach dem BGH sind die Interessen des verbleibenden Arztes an der Praxisfortführung ebenso durch Art. 12 GG geschützt wie die des ausscheidenden Arztes an seiner Berufsfreiheit. Die Lösung dieses Konfliktes ist nach dem Grundsatz der praktischen Konkordanz zu lösen. Vorliegend haben die Gläubiger eines insolventen MVZ ein schützenswertes Interesse an der bestmöglichen Verwertung der schuldnerischen Praxis, die in zulassungsgesperrten Bezirken nur durch eine Ausschreibung des Vertragsarztsitzes erreicht werden kann. Dagegen sind die Interessen der im MVZ zulässigerweise angestellten Ärzte abzuwägen, die möglicherweise nach § 103 IVa 1 SGB V zugunsten des Zentrums auf „ihre" Zulassung verzichtet haben. Im Ergebnis überwiegen hier die Gläubigerinteressen, weil die angestellten MVZ-Ärzte „ihre" Zulassungen nicht zurückverlangen können, da diese, wie festgestellt, im MVZ verhaftet bleiben. Mit der Regelung des § 103 IVa 5 SGB V, der einem Versorgungszentrum die Nachbesetzung einer Arztstelle ermöglicht, wollte der Gesetzgeber den Fortbestand des Zentrums sichern.[206]

Dies gilt gleichermaßen auch im laufenden Insolvenzverfahren. Zwar ist infolge der eingetretenen Krise der Fortbestand des MVZ bereits deutlich gefährdet. Würde aber dem angestellten Arzt die Mitnahme des Vertragsarztsitzes erlaubt werden, so wären jegliche Sanierungsaussichten des MVZ umgehend verspielt, weil nicht nur die betreffende Zulassung und damit das zugehörige Regelleistungsvolumen wegfielen, sondern darüber hinaus die Gefahr drohte, dass mit dem Wegfall einer einzelnen Zulassung die Fachübergreiflichkeit des MVZ nach § 95 I 2 SGB V gefährdet wäre, wodurch eine Gründungsvoraussetzung entfiele, die zum Entzug der Zulassung führte.[207]

---

[204] BAUCKMANN, MVZ, S. 69.
[205] Urteile v. 22.07.2002, NJW 2002, 3536; NJW 2002, 3538; oben Fn 170.
[206] BT-Drucks. 15/1525, S. 112.
[207] KONERDING, Vertragsarztsitz im MVZ, S. 186 f.; SCHALLEN, Zulassungsverordnung, Vorbem. Zu § 18 Rn 92.

b) Ausschreibungsrecht bei Vertragsarzt-MVZ

Für das Vertragsarzt-MVZ, die sog. „Freiberuflervariante", in der Vertragsärzte – vergleichbar einer Gemeinschaftspraxis – über ihre Gründereigenschaft hinaus vertragsärztlich tätig sind,[208] kann im Hinblick auf das Ausschreibungsrecht des Insolvenzverwalters etwas anderes gelten. § 95 I 2 SGB V erlaubt es dem Vertragsarzt, ohne Verzicht auf seine Zulassung in einem MVZ tätig zu werden, wodurch ihm die Möglichkeit eröffnet wird, sich wieder vom MVZ zu lösen, seine Zulassung „mitzunehmen" und (wieder) eine Tätigkeit in eigener Praxis aufzunehmen.[209]

Die Frage nach dem Ausschreibungsrecht des Insolvenzverwalters wird danach zu beurteilen sein, wie das Verhältnis des Vertragsarztes zum MVZ, dem er seine Zulassung (zeitweilig) „überlassen" hat, rechtlich zu beurteilen ist. Diese Beziehung ist dogmatisch noch nicht abschließend geklärt. Die überwiegende Ansicht verweist darauf, dass die persönliche Zulassung des Arztes für die Dauer der Kooperation mit dem MVZ „überlagert" werde, wobei die Vertragsarztzulassung des Arztes „ruhe". Die Gegenauffassung geht davon aus, dass der im MVZ tätige Vertragsarzt zulassungsrechtlich neben dem Zentrum steht.[210]

Dem Gesetz fehlt jeder Hinweis darauf, ob es für die Rückübertragung der Zulassung der Mitwirkung des (im eröffneten Insolvenzverfahren durch den Verwalter vertretenen) MVZ bedarf oder nicht. In der Realität wird sich diese Frage wohl durch faktisches Tätigwerden des Vertragsarztes erledigen: Der Arzt, dem die wirtschaftliche Situation seines MVZ bekannt sein dürfte (zumal er regelmäßig zum Kreis der insolvenzantragsberechtigten und ggf. -verpflichten Personen zählt), wird, noch bevor es zu einer Verfahrenseröffnung kommt, beim zuständigen Zulassungsausschuss kurzerhand die Verlegung seines Vertragsarztsitzes beantragen. Er wird also seine Zulassung wieder persönlich übernehmen und eine eigene, neue Praxis eröffnen. Aber auch, wenn der Vertragsarzt zunächst im MVZ verbleibt und dort den Verlauf des Insolvenzverfahrens beobachtet, wird es in dessen Belieben gestellt bleiben, ob er seinen Sitz im MVZ belässt oder vom Recht auf „Mitnahme" „seines" Kassensitzes Gebrauch macht. Als Ergebnis dieser Überlegungen ist festzuhalten, dass in dieser Konstellation auf den Insolvenz-

---

[208] Wigge/Boos/Ossege in Wigge/von Leoprechting, Handbuch MVZ, S. 114.
[209] Konerding, Vertragsarztsitz im MVZ, S. 31 f.
[210] Konerding, Vertragsarztsitz im MVZ, S. 94 f. m.w.N.

verwalter die Verfügungsgewalt über die Vertragsarztzulassung und damit das Ausschreibungsrecht nicht übergehen würde.

Aus insolvenzrechtlicher Sicht mag dieses Ergebnis enttäuschen, zumal der Vertragsarzt bei Insolvenz seines Zentrums nach der hier vertretenen Ansicht besser gestellt wird, als ein Vertragsarzt bei eigener Insolvenz – bei letzterem geht, wie ausgeführt, das Ausschreibungsrecht auf den Verwalter über. Der wesentliche Unterschied besteht aber darin, dass der im MVZ tätige Vertragsarzt in der MVZ-Insolvenz nicht selbst Insolvenzschuldner ist.

c) Ausschreibungsrecht bei Kombinationsmodell

Ein Medizinisches Versorgungszentrum kann, wie dargelegt, auch mit Vertragsärzten und angestellten Ärzten betrieben werden. In diesem Fall kommt des im Hinblick auf das Ausschreibungsrecht des Verwalters darauf an, welche Zulassung jeweils betroffen ist.

d) Schlussbetrachtung

Sofern der Insolvenzverwalter zur Ausschreibung des Kassenarztsitzes und damit zur Veräußerung der (vertragsarztrechtlich zugelassenen) Praxis an einen geeigneten Bewerber berechtigt ist, fiele der Erlös aus dem Praxisverkauf in die Insolvenmasse, § 35 I InsO, und diente der Gläubigerbefriedigung, §§ 1, 187, 196 InsO. Dies setzt jedoch voraus, dass die MVZ-Praxis selbst vom Insolvenzbeschlag umfasst ist.

E. Massezugehörigkeit der Praxis(ausstattung)

Die Arbeit wendet sich nun dem Problemkreis zu, ob die Praxis des MVZ oder einzelne Teile der Praxisausstattung Bestandteil der Masse sind.

I. Massezugehörigkeit der Praxis

Die Praxis eines Medizinischen Versorgungszentrums ist abzugrenzen einerseits zum Träger des MVZ und andererseits zu der vertragsärztlichen Zulassung und dem zugehörigen Vertragsarztsitz. Der „Praxis" des Arztes entspricht im nichtmedizinischen Bereich der Begriff „Unternehmen".[211] In der insolvenzrechtlichen Literatur wird die Massezugehörigkeit der Arztpraxis teilweise abgelehnt mit dem Hinweis, dies sei unvereinbar mit den höchstpersönlichen Rechten des Arztes, dessen persönlicher Leistungserbringung und dem besonderen Vertrauensverhältnis, das zwischen ihm und seinem Patienten besteht. Nun soll untersucht werden, zu welchem Ergebnis es führt, wenn diese Denkansätze auf das ärztlich geleitete MVZ übertragen werden.

4. Massezugehörigkeit der Arztpraxis

Unter einer Arztpraxis ist die Gesamtheit dessen zu verstehen, was die gegenständliche und personelle Grundlage der Tätigkeit eines niedergelassenen Arztes bei der Erfüllung der ihm obliegenden Aufgaben bildet.[212] Die Arztpraxis ist selbst kein rechtsfähiges Gebilde; sie benötigt einen Rechtsträger. Aus traditioneller Sicht ist das der Arzt als natürliche Person.[213] Der Praxis kann ein Patientenstamm zugeordnet werden und sie kann von dessen Inhaber verkauft werden.[214] Letzteres wurde früher anders gesehen. Das Reichsgericht vertrat folgende Position: Der Arzt übt kein Gewerbe aus. Zudem ist sein Verhältnis zu den Patienten geprägt durch ein besonderes Vertrauensverhältnis, das nicht so ohne weiteres auf eine beliebige andere Person übertragen werden kann. Folglich kann auch die Arztpraxis nicht Objekt eines entgeltlichen Veräußerungsvorganges sein. Wird dennoch ein Praxiskaufvertrag geschlossen, ist dieser wegen Sittenwidrigkeit unwirksam, § 138 I BGB.[215] Wenn aber die Freiberuflerpraxis nicht auf einen anderen Arzt übertragen werden kann, so kann sie erst Recht nicht der Verfügungsbefugnis eines – nichtärztlichen – Konkursverwalters unterworfen werden.[216] Bei Konkurs eines Arztes war dessen Praxis vom Konkursbeschlag, vgl. §§ 1, 6 KO, demnach nicht umfasst.

Als überholt kann die Sichtweise gelten, die ärztliche Praxis sei unveräußerlich.[217] Der Vertrag über die Abgabe einer Arztpraxis erstreckt sich üblicherweise auf die Übertragung materieller (Anlage- und Umlaufvermögen) sowie immaterieller Vermögenswer-

---

[211] Grundlegend zum Rechtsträger, SCHMIDT, Gesellschaftsrecht, § 11.
[212] SCHLUND in Laufs/Kern, Arztrecht, § 18 Rn 1.
[213] SCHLUND a.a.O. Rn 2. Zum Verbandsbegriff s. SCHMIDT, Gesellschaftsrecht, § 7 I.
[214] BFH, Urt. v. 22.10.1996, III R 240/94, BFHE 181, 468 = NJW 1997, 2480.
[215] RG, Urt. v. 24.11.1936, II 131/36, RGZ 153, 280, 284 f.; Urt. v. 12.08.1939, II 67/39, RGZ 161, 153, 155.
[216] HARLFINGER, Freiberufler, S. 17
[217] Zum Wandel in der Rechtsprechung vgl. UHLENBRUCK in FS Henckel, S. 878.

te, wozu auch der sog. Goodwill gerechnet wird.[218] Teilweise wird hier noch darüber gestritten, ob in der freiberuflichen Praxis ein solcher Goodwill entstehen und dieser übertragen werden kann. Unter Goodwill ist ein (Unternehmens- oder Firmen-)Wert zu verstehen, der über die Summe der Einzelwerte der (bilanzierten) Wirtschaftsgüter hinausgeht. VOIGT und GERKE vertreten die Sichtweise, wonach ein Unternehmenswert, sofern ein solcher in einer Freiberuflerpraxis überhaupt entsteht, jedenfalls nicht losgelöst vom Praxisinhaber auf einen Dritten übertragen werden kann. Der Insolvenzschuldner ist zwar gemäß § 97 InsO zur umfassenden Auskunft und Mitwirkung im Verfahren verpflichtet. Eine darüber hinausgehende Verpflichtung des insolventen Arztes, seine Arbeitskraft (unentgeltlich) in den Dienst der Insolvenzgläubiger zu stellen, besteht indes nicht. Wenn sich ein etwaiger Goodwill nur in der Arbeitskraft des originären Praxisträgers verkörpern, dieser als Insolvenzschuldner zu einer Mitarbeit zugunsten der Masse aber nicht gezwungen werden kann, dann, so der Argumentationsansatz von VOIGT/GERKE, sei auch die Praxis nicht massezugehörig. Über § 36 I 1 InsO i.V.m. §§ 811 I Nrn. 5, 7 ZPO sind die einzelnen Gegenstände der ärztlichen Praxis vor dem Zugriff des Verwalters geschützt.[219] Ein darüber hinausgehender Wert kann, wie soeben festgestellt, nicht übertragen werden. Die Gläubiger des insolventen Arztes können somit an der Veräußerung der Praxis durch den Verwalter kein gesteigertes wirtschaftliches Interesse haben.[220]

Die Veräußerbarkeit von Unternehmen als Ganzes war bereits nach den Bestimmungen der Konkursordnung möglich, vgl. §§ 117 II, 134 Nr. 1 KO.[221] Gemäß §§ 160 II Nr. 1, 162 I, 163 I InsO bedarf die Veräußerung des schuldnerischen Unternehmens durch den Insolvenzverwalter der Zustimmung des Gläubigerausschusses bzw. der Gläubigerversammlung. Die Insolvenzordnung geht insoweit von der Massezugehörigkeit des Unternehmens aus.[222]

---

[218] Ausführlich dazu MÖLLER in Ehlers, Arztpraxen, Kap. 4. Rn 499 ff.; SCHLUND in Laufs/Kern, Arztrecht, § 19.
[219] Dazu sogleich ausführlich.
[220] „Man müsste den Schuldner mit seiner Arbeitskraft mitverkaufen, um überhaupt eine funktionsfähige Sachgesamtheit zu übertragen." VOIGT/GERKE, ZInsO 2002, 1054, 1058.
[221] Dort noch als „Geschäft" bezeichnet.
[222] § 185 InsO im Entwurf zur Insolvenzordnung lautete ursprünglich wie folgt: „§ 185 Unternehmensveräußerung – Die Vorschriften über die Veräußerung eines Betriebs gelten entsprechend für die Veräußerung des Unternehmens im ganzen, eines Unternehmensteils oder eines Betriebsteils.", vgl. BT-Drucks. 12/2443, S. 38. Lediglich „zur redaktionellen Straffung des Gesetzesentwurfs" ist diese Vorschrift später gestrichen worden, vgl. BT-Drucks. 12/7302, S. 176.

Für die (Vertrags-)Arztpraxis kann nichts anderes gelten.[223] Die Handelbarkeit sozialversicherungsrechtlich zugelassener Arztpraxen wird durch das Nachfolgeverfahren in § 103 IV 1 SGB V ausdrücklich gesetzlich geregelt. Gegen die Veräußerbarkeit sprechen weder die den Arzt betreffenden Verschwiegenheitsverpflichtung noch standesrechtliche Erwägungen.[224] Zudem wird der Arztberuf zunehmend kommerzialisiert, etwa durch die Möglichkeit der Ausübung des ärztlichen Berufs mittels einer juristischen Personen als Praxisträgerin.

Die von VOIGT und GERKE aufgestellte Behauptung, die Freiberuflerpraxis sei ohne den Schuldner nichts wert, muss mit Hinweis auf die Realität, in der Erwerber offenbar gern bereit sind, teilweise hohe Kaufpreise für die Übernahme einer gut eingeführten Praxis zu entrichten, zurückgewiesen werden.[225] Wäre dies nicht der Fall, bedürfte es im Übrigen auch keiner betriebswirtschaftlichen Praxisbewertung, da für die Übernahme der Praxis dann nur noch der Buchwert zu entrichten wäre, der leicht der Bilanz entnommen werden kann. Selbst der sozialrechtliche Gesetzgeber erkennt einen den Substanzwert übersteigenden Praxiswert an, indem er dem Zulassungsausschuss im Nachfolgeverfahren vorgibt, bei der Bewerberauswahl die wirtschaftlichen Interessen des ausscheidenden Vertragsarztes bis zur Höhe des *Verkehrs*wertes der Praxis zu berücksichtigen, vgl. § 103 IV 7 SGB V.

5. Massezugehörigkeit der MVZ-Einrichtung

Gegen die Beschlagnahmefreiheit einer MVZ-Praxis spricht bereits die Tatsache, dass diese keine „Praxis" im herkömmlichen Sinne ist, sondern eine fachübergreifende, ärztlich geleitete „Einrichtung", vgl. § 95 I 2 SGB V. Das Leitbild von dem in freier Praxis niedergelassenen Einzelarzt, der seine Patienten ambulant versorgt, scheint der Gesetzgeber mit Einführung Medizinischer Versorgungszentren als institutionalisierte Berufsausübungsgemeinschaften aufgegeben zu haben.[226] Damit einher geht die Abkehr vom Grundsatz der persönlichen Leistungserbringung in einem MVZ. Zudem kann sich das Zentrum aller zulässigen Organisationsformen bedienen, worunter auch juris-

---

[223] So aber noch FG Düsseldorf, Urt. v. 24.03.1992, 16 K 138/88 U, ZIP 1992, 635.
[224] UHLENBRUCK in FS Henckel, S. 877 ff.
[225] MAI, Insolvenz des Freiberuflers, S. 13; SEIDLER, Selbständige in der Insolvenz, S. 169 f.; VAN ZWOLL ET AL., Arztpraxis, Rn 367 ff.; SCHILDT, Insolvenz des Freiberuflers, S. 22 f.; HARLFINGER, Freiberufler, S. 53.
[226] Zu den Rückkehrtendenzen durch das geplante Versorgungsstrukturgesetz s. oben B.III.5.

tische Personen des Privatrechts verstanden werden, und es muss, wie eingehend erörtert, nicht zwingend in ärztlicher Trägerschaft sein.[227]

6. Zwischenergebnis

Das Unternehmen „Medizinisches Versorgungszentrum", die ärztlich geleitete Einrichtung i. S. v. § 95 I 2 SGB V, fällt als Ganzes in die Verfügungsgewalt des Insolvenzverwalters. Mit der Veräußerung kann der Verbundwert des Unternehmens, der z. B. aus bevorzugter Lage, gutem Ruf, Bekanntheitsgrad, Praxisorganisation, Patientenstamm und Zuweiserbeziehungen besteht, zugunsten der Insolvenzgläubiger realisiert werden.

II. Massezugehörigkeit einzelner Praxisgegenstände

Bedenken gegen die Massezugehörigkeit einzelner Gegenstände der MVZ-Einrichtung können im Hinblick auf die Vorschrift des § 811 I Nr. 5 und 7 ZPO bestehen. Danach sind bei Personen, die aus ihrer körperlichen oder geistigen Arbeit oder sonstigen persönlichen Leistungserbringung ihren Erwerb ziehen, die zur Fortsetzung dieser Erwerbstätigkeit erforderlichen Gegenstände der Pfändung entzogen. Nr. 7 a.a.O. konkretisiert den Pfändungsschutz weiter und erklärt Gegenstände für unpfändbar, die ein Arzt zur Ausübung seines Berufs benötigt.[228] Unpfändbare Gegenstände gehören nach § 36 I 1 InsO nicht zur Insolvenzmasse, sofern nicht § 36 II InsO diese – trotz Unpfändbarkeit im Einzelvollstreckungsverfahren – doch der Insolvenzmasse zurechnet. Darunter fallen die Geschäftsbücher des Schuldners sowie die Sachen, die nach § 811 I Nr. 4 und 9 ZPO nicht der Zwangsvollstreckung unterliegen. Gegenstände nach § 811 I Nr. 5 und 7 ZPO – darunter die zur Ausübung der ärztlichen Heilkunst erforderlichen – sind demnach dem Gesamtvollstreckungszugriff der Gläubiger entzogen. Welche Wirkungen diese Bestimmungen in der MVZ-Insolvenz entfalten, soll nachfolgend untersucht werden.

---

[227] Vgl. LINDENAU, MVZ, S. 44-53.
[228] Auch der Weg über die Austauschpfändung ist versperrt, vgl. § 811a I ZPO.

1. Personeller Anwendungsbereich des § 811 I Nrn. 5, 7 ZPO

§ 811 I Nr. 5 und 7 ZPO schützt den Schuldner vor dem Zugriff von Gläubigern, die wegen einer Geldforderung Maßnahmen der Einzelzwangsvollstreckung ergreifen (wollen). Auf die Schutznorm können sich nur Personen berufen, bei denen die persönliche Arbeitsleistung im Vordergrund steht. Diese liegt zunächst vor bei Arbeitnehmern, da deren Einkommen aus persönlicher Leistungserbringung resultiert. In den Schutzbereich des § 811 I Nr. 5 ZPO fallen ferner beruflich Selbständige, sofern ihre persönliche Arbeitsleistung überwiegt. Für Ärzte gilt der speziellere § 811 I Nr. 7 ZPO.[229]

Nach vorherrschender Ansicht werden juristische Personen, die selbst keine persönliche Arbeitsleistung erbringen können, vom Pfändungsschutz des § 811 I Nrn. 5, 7 ZPO nicht erfasst.[230] Nach der Gegenposition genießt die juristische Person den Schutz, wenn ihr einziger Gesellschafter gleichzeitig Geschäftsführer ist und die übrigen Voraussetzungen der Vorschrift erfüllt sind.[231] Nach einer weiteren Meinung wird die Zuordnung der juristischen Person zum persönlichen Anwendungsbereich des § 811 I Nrn. 5, 7 ZPO von einem Haftungsdurchgriff – entgegen § 13 II GmbH – auf den Alleingesellschafter abhängig gemacht.[232] Der Gesellschafter einer MVZ-GmbH könnte sich dieser Auffassung wohl anschließen, da er als Voraussetzung für die Zulassung des Versorgungszentrums gemäß § 95 II 6 SGB V eine selbstschuldnerische Bürgschaft abgeben musste. Zu einer vollständigen Durchgriffshaftung kommt es dadurch jedoch nicht, da die Bürgschaft lediglich Forderungen der Kassenärztlichen Vereinigung und der Krankenkassen absichert. Im Übrigen wird diese Position mit dem Argument zurückgewiesen, dass ein Haftungsdurchgriff kein geeignetes Abgrenzungskriterium darstellt. Vor dem Hintergrund, dass eine Durchgriffshaftung regelmäßig auf eine Pflichtverletzung des Gesellschafters zurückzuführen ist, führte der Einbezug der juristischen Person in den Schutzbereich des Pfändungsverbots zu dem widersinnigen Ergebnis, dass der pflichtwidrig handelnde Gesellschafter mit Pfändungsschutz belohnt würde.[233]

---

[229] SEIDLER, Selbständige in der Insolvenz, S. 10; Stöber/Zöller, § 811 Rn 24a.
[230] SEIDLER, a.a.O., S. 57.
[231] BAUMBACH, ZPO, § 811 Rn 35; Stöber/Zöller, § 811 Rn 26.
[232] Musielak/BECKER, ZPO, § 811 Rn. 18.
[233] SEIDLER, a.a.O., S. 60 f.

Die Gesellschaft bürgerlichen Rechts genießt den Schutz des § 811 I Nrn. 5, 7 ZPO, wenn der persönliche Arbeitseinsatz der Gesellschafter überwiegt.[234] Entsprechendes wird man für die Partnerschaftsgesellschaft vertreten können.

Das Vertragsärzte-MVZ kann vom persönlichen Anwendungsbereich des § 811 I Nr. 5 ZPO erfasst sein, sofern deren Vertragsärzte persönliche Leistungen erbringen. Diese Voraussetzung wird regelmäßig erfüllt sein, da der (Vertrags-)Arzt zur persönlichen Leistungserbringung verpflichtet ist.

Einschränkungen können sich ergeben, wenn das Vertragsarzt-MVZ zusätzlich weitere Ärzte beschäftigt (Kombinationsmodell). Die Beschränkung des persönlichen Schutzbereichs des § 811 I Nr. 5, 7 ZPO auf die persönliche Erwerbstätigkeit bedeutet jedoch nicht zwingend, dass mit der Beschäftigung von Angestellten der Pfändungsschutz entfällt. Vollstreckungsschutz existiert, solange beim Schuldner die persönliche Leistungserbringung, die auch bei § 811 I Nr. 7 ZPO, die insoweit als Spezialregelung zu § 811 I Nr. 5 ZPO ausgestaltet ist, vorliegen muss, im Vordergrund steht. Dieser entfällt erst bei Übergang auf eine kapitalistische Arbeitsweise.[235]

Fraglich ist, ob bei einem MVZ, das von einer natürlichen Person getragen wird, der persönliche Anwendungsbereich der Pfändungsschutzvorschrift eröffnet ist. Nach dem Kriterium der persönlichen Leistungserbringung wird zunächst vom Unternehmensträger verlangt, dass er selbst – als Arzt – im MVZ tätig sein muss. Ein MVZ ist gemäß § 95 I 2 SGB V durch die Fachübergreiflichkeit gekennzeichnet. Die setzt die Tätigkeit (mindestens) eines weiteren Arztes voraus. Mit der Einstellung eines weiteren Arztes länge jedoch die charakteristische freiberufliche Arbeitsleistung nicht mehr vor. Sobald demnach ein von einem einzelnen Arzt getragenes MVZ weitere Ärzte beschäftigt, deren Leistungen damit qualitativ neben die Leistungen des Schuldners treten, geht der Vollstreckungsschutz nach § 811 I Nrn. 5, 7 ZPO verloren.[236]

Ein Versorgungszentrum in der Rechtsform einer GmbH wird mit der herrschenden Meinung nicht in den Genuss der Pfändungsschutznorm kommen.

---

[234] SEIDLER, Selbständige in der Insolvenz, S. 57.
[235] ISING, Pfändungsschutz, S. 86.
[236] So allgemein für Freiberufler ISING, Pfändungsschutz, S. 145.

2. Sachlicher Anwendungsbereich des § 811 I Nrn. 5, 7 ZPO

In den sachlichen Anwendungsbereich des § 811 I Nr. 5 ZPO einbezogen sind die Gegenstände, die zur Fortsetzung der Erwerbs erforderlich sind. Die Erforderlichkeit bestimmt sich nach den Bedürfnissen des arbeitenden Schuldners im Einzelfall sowie nach wirtschaftlichen und betrieblichen Erwägungen.[237]
Erforderlich zum Betreiben eines ärztlich geleiteten Medizinischen Versorgungszentrums können demnach sein: Büroausstattung, Wartezimmereinrichtung, Praxis- und Laboreinrichtungsgegenstände, fachwissenschaftliche Literatur, ein PKW zur Wahrnehmung von Hausbesuchen,[238] kurzum: die komplette Betriebs- und Geschäftsausstattung kann im Einzelfall der Einzelzwangsvollstreckung entzogen sein.

3. Zwischenfeststellung

Nach den bisherigen Feststellungen ist der Arzt als Schuldner vor Pfändungsmaßnahmen seiner Gläubiger weitgehend geschützt. Dies gilt regelmäßig auch für das Vertragsärzte-MVZ. Würde § 811 I Nrn. 5, 7 ZPO (über § 36 I 1 InsO) im Insolvenzverfahren Anwendung finden, hätte dies zur Folge, dass der Insolvenzverwalter keine (nennenswerten) Verwertungshandlungen vornehmen könnte. Ein Vertragsarzt-MVZ (in der Rechtsform einer BGB-Gesellschaft oder Partnerschaftsgesellschaft) wäre zwar rechtlich noch immer insolvenzfähig, vgl. § 11 II Nr. 1 InsO, tatsächlich aber könnte über das Vermögen eines solchen Zentrums kein Insolvenzverfahren durchgeführt werden.

4. Geltung des § 811 I Nrn. 5, 7 ZPO im Insolvenzverfahren

Im Mittelpunkt der nachfolgenden Überlegungen steht die Einbeziehung der vorbeschriebenen, für das Einzelzwangsvollstreckungsrecht geltenden Pfändungsschutzvorschriften in das Gesamtvollstreckungsrecht.

---

[237] Stöber/Zöller, § 811 Rn 27.
[238] Stöber/Zöller, § 811 Rn 31.

a) Vollstreckungsschutz unter Geltung der Konkursordnung

Der sich hier andeutende Konflikt zwischen Insolvenzgläubiger und Schuldner im Hinblick auf die Verwertung des schuldnerischen Unternehmens war bereits in der Konkursordnung von 1877 angelegt. Nach § 1 I KO umfasste das Konkursverfahren das gesamte, einer Zwangsvollstreckung unterliegende Vermögen des Gemeinschuldners, welches ihm zur Zeit der Eröffnung des Verfahrens gehört. Wie ausgeführt, schließt § 811 I Nrn. 5, 7 ZPO bestimmte Vermögensteile von der Einzelzwangsvollstreckung aus; diese waren also auch nicht Bestandteil des Konkursbeschlages.[239]

Das Problem tritt aber erst in jüngster Zeit zutage, weil unter Geltung der Konkursordnung der Arzt- oder allgemein Freiberuflerkonkurs die seltene Ausnahme war. Voraussetzung für die Eröffnung des Konkursverfahrens war die die ausreichende Deckung der Kosten des Verfahrens, wobei gem. § 59 I Nr. 1, 2 KO auch Masseschulden berücksichtigt wurden. In der Insolvenzordnung gehören die Masseverbindlichkeiten nicht zu den Kosten des Verfahrens, § 54 InsO. Zudem hat der Freiberufler die Möglichkeit, von der Kostenstundung nach § 4a InsO Gebrauch zu machen. Folge dieser Rechtsänderung ist ein deutlicher Anstieg von Freiberuflerinsolvenzen.[240]

b) Anwendung des § 811 I Nrn. 5, 7 ZPO über § 36 InsO

§ 36 I 1 InsO beschränkt die Insolvenzmasse, indem sie bestimmt, dass Gegenstände, die nicht der (Einzel-)Zwangsvollstreckung unterliegen, im Gesamtvollstreckungsverfahren ebenfalls unangetastet bleiben und nicht zur Masse gehören sollen.

c) Zwischenergebnis

Nach dem insoweit eindeutigen Wortlaut der Norm, ist es dem Insolvenzverwalter gemäß § 36 I 1 InsO untersagt, die nach § 811 I Nr. 5 und 7 ZPO pfändungsfreien Gegenstände zur Masse zu ziehen. Insolvenzgläubiger eines Vertragsarzt-MVZ könnten im Rahmen eines Insolvenzverfahrens nicht befriedigt werden.

---

[239] SEIDLER, Selbständige in der Insolvenz, S. 17.
[240] SEIDLER, a.a.O., S. 17 f.

5. Teleologische Reduktion des § 36 InsO

Über § 36 I 1 InsO sind alle gemäß § 811 I Nrn. 5, 7 ZPO nicht pfändbaren Gegenstände von der Insolvenzmasse auszunehmen. Für das Vertragsarzt-MVZ würde die uneingeschränkte Anwendbarkeit des § 811 ZPO dazu führen, dass es im Rahmen des Insolvenzverfahrens nicht mehr verwertbar wäre. Ein solches Ergebnis würde dem Verfahrensziel der bestmöglichen Gläubigerbefriedigung zuwiderlaufen, vgl. § 1 InsO.

SEIDLER hat untersucht, ob § 36 I 1 ZPO mittels teleologischer Reduktion einzuschränken ist, was eine verdeckte Lücke voraussetzt. Eine Lücke könnte in dem Fehlen einer Einschränkung des § 36 InsO im Hinblick auf den Pfändungsschutz für Arbeitsmittel selbständig tätiger Schuldner bestehen.[241]

SEIDLER ermittelte – unter Bezugnahme auf die Gesetzesmaterialien[242] – als bedeutendes Ziel des insolvenzrechtlichen Gesetzgebers die Gewährleistung der Marktkonformität des Insolvenzverfahrens. Ein am Markt gescheitertes Unternehmen soll durch Regeln des Insolvenzrechts nicht subventioniert werden und auf diese Weise den Wettbewerb zulasten gesunder Unternehmen verzerren. Die größte Marktkonformität wird durch die Gläubigerautonomie gewährleistet: die Gläubiger sollen über die Zukunft des gescheiterten Unternehmens entscheiden. Die Gläubigerautonomie würde aber unterlaufen und Marktkonformität dadurch gefährdet, überließe man dem Schuldner die zur Fortsetzung seines Unternehmens erheblichen Vermögensgegenstände. Aus diesem Grund bedarf es einer Aufhebung des Pfändungsschutzes von Arbeitsmitteln unternehmerisch tätiger Schuldner im Insolvenzverfahren. Für dieses Ergebnis spricht auch das Verfahrensziel der bestmöglichen Gläubigerbefriedigung. Ist den Insolvenzgläubigern der Zugriff auf die Arbeitsmittel des Schuldners möglich, kann dessen Unternehmen als solches verwertet und der Verbundwert der einzelnen Gegenstände realisiert werden.[243] Insoweit besteht auch ein Unterschied zu den Verfahrenszielen der Zivilprozessordnung, auf dessen § 811 in § 36 I 1 InsO Bezug genommen wird, die auf Maßnahmen der Einzelzwangsvollstreckung ausgerichtet ist, und im Unterschied zum Insolvenzrecht nicht einen wirtschaftlich gescheiterten Schuldner unterstellt.[244]

---

[241] SEIDLER, Selbständige in der Insolvenz, S. 128 f.
[242] Allgemeine Begründung des RegE, BT-Drucks. 12/2443, S. 75-78.
[243] SEIDLER, a.a.O., S. 151-154, 211.
[244] SEIDLER, a.a.O., S. 211.

Gegen die eingeschränkte Anwendung des § 811 I Nrn. 5, 7 ZPO im Insolvenzverfahren wird Kritik vorgebracht.

VAN ZWOLL, MAI, ECKARDT und REHBORN weisen darauf hin, dass die Einräumung des Pfändungsschutzes nicht der Einräumung von Vorteilen für den Schuldner dient, sondern auch in der Insolvenz dem Ausgleich von Schuldner- und Gläubigerinteressen. Dieser soll darin bestehen, dass dem Schuldner trotz seiner den Gläubigern gegenüber bestehenden Verpflichtungen ein pfändungsfreier Bereich verbleiben soll, der ihm auch in der Insolvenz Raum zur Entfaltung seiner Persönlichkeit lässt, wozu schon Art. 2 und 12 GG den Staat verpflichten.[245]

Diese Argumentation überzeugt nicht. Der pfändungsfreie Bereich, den VAN ZWOLL ET AL. dem Insolvenzschuldner sichern wollen, wird bereits durch die §§ 850, 850a, 850c, 850e, 850f I, §§ 850g bis 850i, 851c und 851d ZPO gewährleistet, auf die § 36 I 2 InsO verweist. Weshalb dem insolventen Arzt ein pfändungsfreier Sonderbereich eingeräumt werden soll, kann den Ausführungen von VAN ZWOLL ET AL. nicht entnommen werden.

MAI befürwortet zwar eine Einschränkung des § 36 I InsO, weil dessen pauschale Verweisung auf § 811 I Nr. 5 ZPO im offenen Widerspruch zu Sinn und Zweck des § 36 I InsO im System der Insolvenzordnung steht. Wegen des klaren Wortlauts der Norm sei eine teleologische Auslegung jedoch nicht möglich, so dass der Gesetzgeber dringend tätig werden müsse.[246] Auch nach SCHILDT sprechen Gesetzeswortlaut und Entstehungsgeschichte des Gesetzes, Gesetzeszweck und Normzweck gegen eine eingeschränkte Anwendung des § 811 I Nr. 5 ZPO im Insolvenzverfahren. Anwendungsgrenzen könnten sich allenfalls ergeben, wenn der Schuldner die freiberufliche Praxis in der Insolvenz selbst fortführt oder wenn der Schuldner einer persönlichen Arbeit nach Eröffnung des Insolvenzverfahrens nicht nachgeht.[247] Für eine teleologische Reduktion des § 36 InsO fehlt es nach SCHILDT aufgrund der insoweit eindeutigen gesetzgeberischen Intention an der Planwidrigkeit der Regelungslücke und auch der Normzweck rechtfertige eine Korrektur des Wortlauts nicht.[248]

Gemessen an den Ergebnissen der Analyse von SEIDLER, können die Ansichten von MAI und SCHILDT nicht überzeugen.

---

[245] VAN ZWOLL ET AL., Arztpraxis, Rn 389. Dieselbe Position vertritt HARLFINGER, dessen Argumentation (nahezu wörtlich) übernommen wurde, vgl. HARLFINGER, Freiberufler, S. 42.
[246] MAI, Insolvenz des Freiberuflers, S. 39.
[247] SCHILDT, Insolvenz des Freiberuflers, S. 52.
[248] SCHILDT, a.a.O., S. 49.

III. Ergebnis

Wird über den Träger eines Medizinischen Versorgungszentrums das Insolvenzverfahren eröffnet, fallen sowohl das Unternehmen als Ganzes als auch einzelne Vermögensgegenstände in die Insolvenzmasse. Pfändungsschutz kann der Schuldner nicht geltend machen, so dass der Insolvenzverwalter uneingeschränkt verfügungsbefugt wird.

F. Insolvenzbeschlag von Honorarforderungen

Nachfolgend ist zu untersuchen, ob die Honorarforderungen des Medizinischen Versorgungszentrums vom Insolvenzbeschlag erfasst sind.

I. Honorarforderungen aus privatärztlicher Tätigkeit

1. Privatärztliche Abrechnung der MVZ-GmbH

Fraglich ist zunächst, ob das MVZ – wie etwa der privat liquidierende Vertragsarzt – Honorarforderungen aus privatärztlicher Tätigkeit haben. Hier könnten Bedenken im Hinblick auf § 4 II MB/KK[249] bestehen. Nach dieser Regelung haben privatversicherte Patienten „die Wahl unter den niedergelassenen approbierten Ärzten und Zahnärzten". Ein MVZ, welches sich zulässigerweise der Rechtsform einer juristischen Person des Privatrechts bedient, ist aber nicht „Arzt" im vorbeschriebenen Sinne. Daher ist umstritten, ob die von einer Ärzte-GmbH erhobenen Honorare von den Versicherungsgesellschaften erstattet werden müssen.[250] WIGGE/BOOS/OSSEGE vertreten den Standpunkt, dass auch die ärztlichen Leistungen der in einer MVZ-GmbH angestellten Ärzte vom Versicherungsschutz der privaten Krankenversicherung umfasst seien. Sie stützen sich hierbei auf eine Entscheidung des Bundesgerichtshofs vom 30.11.1997, nach welcher ein Krankenversicherer verpflichtet sei, für die ambulante Behandlung eines Krankenhauses Versicherungsschutz zu gewähren, wenn das betreffende Krankenhaus den Erfordernisses des § 4 IV MB/KK genügt, also „unter ständiger ärztlicher Leitung ste-

---

[249] Musterbedingungen für die Krankheitskosten- und Krankenhaustagegeldversicherung i. d. F. v. 01.01.2009 (MB/KK 2009) download unter http://www.pkv.de/recht/musterbedingungen/mb_kk_2009.pdf; zuletzt besucht am 25.06.2011, 15:45 Uhr.
[250] WIGGE/BOOS/OSSEGE in Wigge/von Leoprechting, Handbuch MVZ, S. 222 mit Nachweisen zur einschlägigen Rechtsprechung.

hen, über ausreichende diagnostische und therapeutische Möglichkeiten verfügen und Krankengeschichten führen".[251] Zutreffend weisen WIGGE/BOOS/OSSEGE darauf hin, dass ein MVZ – wie ein Krankenhaus – sozialversicherungsrechtlich zugelassen wird, gemäß § 95 I SGB V unter ärztlicher Leitung stehen muss und nach § 135a SGB V zur Qualitätssicherung verpflichtet ist, so dass bei diesen Einrichtungen ohne nähere Prüfung seitens der Versicherungsgesellschaften von einer gleichen Qualität ausgegangen werden kann. Somit sprechen die besseren Argumente dafür, dass die Regelungen über den Leistungsausschluss gemäß § 4 II MB/KK bei Medizinischen Versorgungszentren, die ihre Leistungen gegenüber privatversicherten Patienten durch angestellte Ärzte erbringen, keine Anwendung finden.[252]

Die Literatur verweist im Übrigen darauf, dass Ablehnungsfälle bislang nicht bekannt geworden sind und sich eine Tendenz abzeichnet, die Rechnungen zugelassener MVZ-Gesellschaften zu akzeptieren, wenn diese nach Maßgabe der GOÄ erstellt werden.[253]

2. Entstehung des privatärztlichen Honoraranspruchs

Der Behandlungsvertrag eines Privatpatienten, der ein MVZ aufsucht, wird nicht mit den einzelnen Ärzten, sondern mit dem MVZ geschlossen.[254] Der Privatpatient wird nach § 612 BGB Honorarschuldner und damit zur Zahlung des Honorars verpflichtet.[255] Üblicherweise wird die Höhe der Vergütung nicht ausdrücklich vereinbart. Bei niedergelassenen Ärzten gelten gemäß § 612 BGB die modifizierten preisrechtlichen Vorschriften für Ärzte (GOÄ[256]) oder Zahnärzte (GOZ[257]).[258] Hierbei handelt es sich um zwingendes ärztliches Preisrecht.[259] Die Gebührenordnung kann nicht abbedungen werden;[260] sie bildet den Rahmen für die ärztliche Honorarforderung, §§ 315 BGB, 5 II

---

[251] BGH, Urt. v. 30.11.1997, IV ZR 69/76, NJW 1978, 590.
[252] WIGGE/BOOS/OSSEGE in Wigge/von Leoprechting, Handbuch MVZ, S. 223. Ähnliche Begründung bei ZWINGEL/PREIßLER, MVZ, S. 144 f.; LINDENAU, MVZ, S. 147.
[253] Ratzel/Luxemburger/MÖLLER/DAHM, Handbuch Medizinrecht, § 9 Rn 234; WIGGE/BOOS/OSSEGE in Wigge/von Leoprechting, Handbuch MVZ, S. 223; ZWINGEL/PREIßLER, MVZ, S. 144;
[254] STEINHILPER in Laufs/Kern, Arztrecht, § 31 Rn 35; BAUCKMANN, MVZ, S. 47.
[255] LIPP in Laufs/Katzenmeier/Lipp, Arztrecht, S. 78 Rn 40; KERN in Laufs/Kern, Arztrecht, § 75 Rn 1, 31.
[256] Siehe Fn 26.
[257] Gebührenordnung für Zahnärzte (GOZ) vom 22.10.1987 (BGBl. I S. 2316), zuletzt geändert durch Art. 18 G vom 04.12.2001 (BGBl. I S. 3320, 3325).
[258] KERN in Laufs/Kern, Arztrecht, § 75 Rn 1.
[259] BGH, Urt. v. 23.03.2006, III ZR 223/05, NJW 2006, 1879, 1880 – unter Rn 10. Diese Vorschriften sind nach Wortlaut und Systematik der Regelungen auch auf kosmetische Operationen anzuwenden, selbst dann, wenn diese weder medizinisch indiziert noch zur Heilung einer Gesundheitsstörung erforderlich waren, BGH a.a.O.
[260] DEUTSCH/SPICKHOFF, Medizinrecht, Rn 119.

GOÄ.[261] Der ärztliche Honoraranspruch besteht nur gegenüber Privatpatienten und Kassenpatienten, die nach § 13 SGB V Kostenerstattung gewählt haben.[262] Nach § 12 I GOÄ wird die Vergütung fällig, wenn dem Patienten eine „dieser Verordnung" entsprechende, also formal korrekte Rechnung gestellt worden ist.[263]

Nicht abschließend geklärt ist, ob die MVZ-GmbH dem persönlichen Anwendungsbereich der GOÄ unterliegt, da § 1 I GOÄ lediglich „Vergütungen für die beruflichen Leistungen der Ärzte" vorsehen.[264] Dies hätte zur Folge, dass die übliche Vergütung als vereinbart gilt, § 612 II BGB. In der Literatur wird daher empfohlen, mit dem Patienten die entsprechende Geltung der GOÄ zu vereinbaren.[265]

3. Insolvenzbeschlag

In Verbindung mit § 80 InsO erteilt § 148 I InsO dem Insolvenzverwalter die Rechtsmacht, nach Eröffnung des Insolvenzverfahrens das gesamte zur Insolvenzmasse gehörende Vermögen des Schuldners sofort in Besitz zu nehmen, zu verwalten und durch Verkauf oder in anderer Weise darüber zu verfügen.[266] Im Gegenzug verliert der Schuldner als Folge der Besitzergreifung durch den Insolvenzverwalter den unmittelbaren Besitz an seinen Gegenständen.[267] Nun soll untersucht werden, ob vom Besitzrecht des Insolvenzverwalters über die Insolvenzmasse auch die Honorarforderungen des privat liquidierenden MVZ erfasst werden.

4. Honorarforderungen als Bestandteil der Insolvenzmasse

Ziel des Insolvenzverfahrens ist nach § 1 InsO die Befriedigung der Gläubiger. Dies erfolgt letztlich durch Zahlung von Geld, wofür es eines umgrenzten Bestandes an veräußerbaren Gütern bedarf. Die Gesamtheit dieser Vermögenswerte bildet – als Son-

---

[261] Ebda., Rn 117.
[262] KERN in Laufs/Kern, Arztrecht, § 75 Rn 1.
[263] BGH, Urt. v. 21.12.2006, III ZR 117/06, MedR 2007, 172 – mit Anmerkungen TRAUTMANN.
[264] WIGGE/BOOS/OSSEGE in Wigge/von Leoprechting, Handbuch MVZ, S. 222.
[265] LINDENAU, MVZ, S. 147; ZWINGEL/PREIBLER, MVZ, S. 144; Ratzel/Luxemburger/MÖLLER/DAHM, Handbuch Medizinrecht, § 9 Rn 232.
[266] SMID in LSZ § 148 Rn 1. Der Insolvenzverwalter nimmt zunächst sämtliche Vermögensgegenstände des Schuldners (Ist-Masse) in Besitz und berichtigt diese sodann zur Soll-Masse, FK-Inso/SCHUMACHER § 35 Rn 3; Uhlenbruck/UHLENBRUCK, § 148 InsO Rn 1.
[267] Der Schuldner wird mittelbarer Eigenbesitzer gemäß §§ 868, 872 BGB, SMID in LSZ § 148 Rn 4. Der Insolvenzverwalter übt als unmittelbarer Besitzer die tatsächliche Sachherrschaft (§ 854 I BGB) aus, VIEWEG/WERNER, Sachenrecht, § 2 Rn 32. Der Schuldner bleibt Eigentümer, FA-InsR/ MAIER, Kap. 3 Rn 143.

dervermögen, das mit Verfahrenseröffnung entsteht, § 27 II Nr. 3 III InsO, – die Insolvenzmasse.[268] Dieses geldwerte Vermögen des Schuldners wird den Insolvenzgläubigern zu Befriedigungszwecken haftungsrechtlich zugewiesen, § 38 InsO.[269] Die Insolvenzmasse ist kein rechtsfähiges Gebilde, sie wird also nicht selbst Trägerin von Rechten und Pflichten. Sie tritt jedoch – vermittelt durch den Verwalter – als geschlossene Einheit nach außen in Erscheinung.[270]

Nach der Legaldefinition in § 35 InsO wird der Insolvenzmasse das gesamte[271] Vermögen zugeordnet, das dem Schuldner zum Zeitpunkt der Verfahrenseröffnung gehört und – im Gegensatz zum früheren Konkursrecht – das er während des Verfahrens erwirbt. Das bezieht sich insbesondere auf künftiges Arbeitseinkommen.[272] Zu den massezugehörigen Gegenständen zählen somit Mobilien[273] und Immobilien[274], Einzelobjekte[275] und Gesamtheiten[276] sowie Forderungen[277] und sonstige Rechte.[278] Folglich könnten auch Honorarforderungen des MVZ zur Insolvenzmasse gehören. Das trifft dann sowohl auf Forderungen zu, die zum Zeitpunkt der Verfahrenseröffnung schon begründet, aber noch nicht bezahlt worden sind, als auch auf Honorarforderungen, die erst nach Verfahrenseröffnung als Neuerwerb entstehen. Voraussetzung ist jedoch in jedem Fall, dass die aus privatärztlicher Tätigkeit resultierenden Honorarforderungen gemäß § 36 InsO pfändbar sind.[279]

---

[268] BECKER, Insolvenzrecht, § 6 Rn 218, § 8 Rn 377; Hirte/UHLENBRUCK, § 35 InsO Rn 1, 9. Mit Insolvenzeröffnung erfolgt eine Teilung des Schuldnervermögens in Insolvenzmasse als Sondervermögen und (insolvenz-)freies Vermögen, Hirte/UHLENBRUCK, a.a.O. Rn 5. Die Bildung des Sondervermögens Insolvenzmasse wird, wie ausgeführt, als „Insolvenzbeschlag" bezeichnet, Hirte/UHLENBRUCK, a.a.O. Rn 6.
[269] Hirte/UHLENBRUCK, a.a.O. Rn 7.
[270] BECKER, Insolvenzrecht, § 7 Rn 273.
[271] Nach Sinn und Zweck der Norm wird unter „gesamtem" Vermögen des Schuldners in § 35 InsO nur derjenige Teil verstanden, welcher für die Verbindlichkeiten des Schuldners haftet, Hirte/UHLENBRUCK, a.a.O. Rn 13.
[272] BT-Drucks. 12/2443, S. 122 – Zu § 42 Begriff der Insolvenzmasse.
[273] FA-InsR/ MAIER, Kap. 3 Rn 151.
[274] Grundstücke des Schuldners mit ihren Bestandteilen, Zubehör und Früchten nach Maßgabe der §§ 865, 810 ZPO, Anwartschaftsrechte auf Eigentumserwerb, Miteigentumsanteil an einem Grundstück nach §§ 208 ff., dingliche Vorkaufsrechte nach § 1094 II BGB sowie grundstücksgleiche Rechte (etwa Erbbaurechte), vgl. KLOPP/KLUTH, Insolvenzrechts-Handbuch § 25 Rn 2-11.
[275] Das Inventar einer Arztpraxis ist dann kein Bestandteil der Insolvenzmasse, wenn der Arzt – ungeachtet eines Beschlusses der Gläubigerversammlung über die Schließung der Praxis – seine Praxis fortführen möchte, so AG Köln, Beschl. v. 14.04.2003, 71 IN 25/02, NZI 2003, 387.
[276] Z.B. Unternehmen.
[277] Zur Insolvenzfestigkeit abgetretener Forderungen zuletzt BGH, Urt. v. 22.04.2010, IX ZR 8/07, ZInsO 2010, 1001.
[278] Z.B. Patente, Lizenzen, Marken, FA-InsR/ MAIER, Kap. 3 Rn 154.
[279] FA-InsR/MAIER, Kap. 3 Rn 153.

5. Pfändbarkeit privatärztlicher Honorarforderungen

a) Problemaufriss

Gemäß § 36 I 1 InsO unterliegen unpfändbare Gegenstände nicht dem Massebeschlag.[280] Im Hinblick auf die hier in Rede stehende Problematik bestimmt § 851 I ZPO, dass eine Forderung in Ermangelung besonderer Vorschriften der Pfändung nur insoweit unterworfen ist, als sie übertragbar ist. Im Folgenden soll untersucht werden, ob privatärztliche Honorarforderungen[281] angesichts der Verschwiegenheitsverpflichtungen, denen der Arzt aus § 203 I Nr. 1 StGB, § 9 MBO-Ä[282] und dem Behandlungsvertrag unterworfen ist, nur mit Zustimmung des Patienten übertragbar und damit pfändbar sind.[283] Dies hätte zur Folge, dass die Zuordnung privatärztlicher Honorarforderungen zur Masse des insolventen MVZ von der Genehmigung seiner Patienten abhängt.

b) Einschränkung der Übertragbarkeit von privatärztlichen Honorarforderungen

aa) Einschränkung der Abtretbarkeit

Eine Forderung[284] kann im Wege rechtsgeschäftlicher Abtretung oder durch hoheitlichen Pfändungsvorgang auf einen anderen Rechtsträger übertragen werden.[285] Rechtsgeschäftlich erfolgt die Übertragung einer Forderung durch Vertrag, der als Abtretung bezeichnet wird, § 398 S. 1 BGB. Dieser wird zwischen dem bisherigen Gläubiger (Zedent) und dem „anderen", dem neuen Gläubiger (Zessionar), geschlossen. Der Kenntnis oder Mitwirkung des Schuldners bedarf es nicht.[286] Die grundsätzlich mögli-

---

[280] Abweichend vom Wortlaut werden hierunter nicht nur körperliche Gegenstände verstanden, sondern wie § 35 InsO sämtliche Bestandteile des schuldnerischen Vermögens und somit auch etwaige Forderungen, Hirte/UHLENBRUCK, § 36 InsO Rn 13; KBP/HOLZER, InsO, § 36 Rn 6; MünchKommInsO-PETERS § 36 Rn 5.
[281] Auch der Vertragsarzt kann privat liquidieren: (1.) gegenüber privat- oder nicht versicherten Patienten (sog. Selbstzahler) und (2.) gegenüber gesetzlich versicherten Patienten, die gem. § 13 II 1 SGB V Kostenerstattung gewählt haben oder Individuelle Gesundheitsleistungen (IGeL) wünschen. Zur IGeL-Liste siehe WIGGE in Schnapp/Wigge, Vertragsarztrecht, § 2 Rn 89.
[282] Diese Norm ist eine zentrale Vorschrift des ärztlichen Berufsrechts; LIPPERT in Ratzel/Lippert, MBO, § 9 Rn 1. Rechtsgrundlage der ärztlichen Schweigepflicht ist nach Lippert nicht § 203 StGB, sondern § 9 MBO-Ä, auch wenn im Ergebnis die Unterschiede „nicht so groß sind, wie (…) man vermuten möchte", DERS. a.a.O. Rn 3, 5.
[283] Einen historischen Überblick über die Entwicklung des ärztlichen Berufsgeheimnisses gibt THEUNER, Ärztliche Schweigepflicht, S. 12-61.
[284] Forderung als „Schuldverhältnis im engeren Sinne" nach § 241 I 1 BGB, SCHMIDT-KESSEL in PWW/BGB, § 241 Rn 5.
[285] Weitere Formen sind Verpfändung (§§ 1273 ff. BGB) und gesetzlicher Forderungsübergang (z.B. Übergang der Forderung gegen den Hauptschuldner auf den Bürgen nach § 774 I 1 BGB).
[286] Staudinger/BUSCHE, Einl. zu §§ 398 Rn 17, § 398 Rn 15.

che Abtretbarkeit von Forderungen kann durch allgemeine Außenschranken der Privatautonomie, §§ 134, 138, 242 BGB, begrenzt sein.[287]

Die Abtretbarkeit ärztlicher Honorarforderungen kann eingeschränkt sein, da mit der Forderungsübertragung gemäß § 402 BGB Auskunftspflichten einhergehen. Danach ist der bisherige Gläubiger verpflichtet, dem neuen Gläubiger die zur Geltendmachung der Forderung nötigen Auskünfte zu erteilen, worunter auch Hinweise zur Entkräftung von Einwendungen des Schuldners,[288] zu dessen Person und zum Forderungsinhalt zählen.[289] Diese Daten sind jedoch im vorliegenden Fall patientenbezogen und resultieren damit aus einem besonders geschützten Rechtsverhältnis. Wer sich in ärztliche Behandlung begibt, muss und darf erwarten, dass Informationen über seine gesundheitliche Verfassung, die der Arzt im Rahmen seiner Berufsausübung erfährt, geheim bleiben und nicht zur Kenntnis „Unberufener" gelangen.[290] Darin besteht eine Grundvoraussetzung ärztlichen Wirkens, welche die Chancen auf Heilung maßgeblich verbessern. Ein derartiges Vertrauensverhältnis kann aber nur entstehen, wenn die ärztliche Verschwiegenheit gewährleistet ist.[291]

Der Bundesgerichtshof[292] entschied im Jahre 1991, dass eine ärztliche oder zahnärztliche Honorarforderung im Falle der Verletzung der ärztlichen Schweigepflicht, § 203 I Nr. 1 StGB,[293] nicht wirksam abgetreten werden kann, sofern der Patient dem nicht zugestimmt hat.[294] Nach dem BGH dient § 203 I Nr. 1 StGB in erster Linie dem Schutz der Individualsphäre des Patienten und ist damit Verbotsgesetz im Sinne des § 134 BGB.[295] Liegt ein ausdrückliches Einverständnis des Patienten nicht vor, so kann auch nicht von einer mutmaßlichen Einwilligung ausgegangen werden. Letztere würde vo-

---

[287] Staudinger/BUSCHE, Einl. zu §§ 398 Rn 44.
[288] OLG Dresden, Beschl. v. 26.01.2004, 21 (10) WF 783/03, NJW 2004, 1464.
[289] Staudinger/BUSCHE, § 402 Rn 9.
[290] BVerfG, Beschl. v. 08.03.1972, 2 BvR 28/71, NJW 1972, 1123, 1124.
[291] BVerfG a.a.O. Differenzierend zum Arzt-Patienten-Vertrauensverhältnis (in Abhängigkeit von der Fachrichtung) vgl. LSG Nordrhein-Westfalen, Beschl. v. 12.03.1997, L 11 SKA 85/96, NJW 1997, 2477, 2478 – II. 3. b) aa) (1).
[292] Urt. v. 10.07.1991, VIII ZR 296/90, NJW 1991, 2955 = BGHZ 115, 123 = MDR 1991, 1035.
[293] Auch die Abtretung des Honoraranspruchs an eine Verrechnungsstelle bedarf der Zustimmung des Patienten. Daran ändert auch § 203 I Nr. 6 StGB nichts, wonach die Angehörigen der Verrechnungsstelle ihrerseits zum Schweigen verpflichtet sind, DEUTSCH/SPICKHOFF, Medizinrecht, Rn 121.
[294] So auch das Berufungsgericht, vgl. OLG Köln, Urt. v. 29.08.1990, 27 U 76/90, NJW 1991, 753. Das Gericht begründet seine Auffassung u. a. mit dem Umstand, dass ein Patient, der im Streit um die Honorarforderung Behandlungsfehler oder Mängel der Leistungserbringer geltend macht, gezwungen wäre, die unter ärztliche Schweigepflicht fallenden Geschehnisse einem außerhalb des Arzt-Patienten-Verhältnisses stehenden Dritten zu offenbaren und mit ihm darüber zu streiten, wobei ihm der frühere Vertragspartner als Zeuge entgegentritt. A.A. AG Grevenbroich, Urt. v. 16.10.1989, 11 C 198/89, NJW 1990, 1535, das von einer stillschweigenden Einwilligung des Patienten zur Forderungsabtretung ausgeht, wenn für den Arzt keine konkreten Anhaltspunkte für einen entgegenstehenden Willen des Patienten bestehen. Zu den Anforderungen an eine stillschweigende Einwilligung des Patienten ausführlich BGH, Urt. v. 20.05.1992, VIII ZR 240/91, NJW 1992, 2348.
[295] MünchKommBGB/ARMBRÜSTER § 134 Rn 54.

raussetzen, dass der Patient als Geheimnisträger zweifelsfrei und erkennbar kein Interesse an der Wahrung des Privatgeheimnisses hat.[296] Der BGH lehnt auch die Annahme einer stillschweigenden Einwilligung des Patienten zur Offenbarung seiner Geheimnisse ab, da es vorliegend Sache des Arztes ist, sich der Zustimmung des Patienten in eindeutiger und unmissverständlicher Weise zu versichern, nicht aber die des Patienten, der Weitergabe seiner Daten zu widersprechen.[297] Ein Rechtfertigungsgrund für das Offenbaren eines Patientengeheimnisses liegt jedoch bei gerichtlicher Geltendmachung vor, die als letztes Mittel zur Durchsetzung einer Honorarforderung erlaubt ist.[298] Der zustimmungslose Abtretungsvertrag ist folglich gem. § 134 BGB nichtig.[299]

Das OLG BREMEN[300] schloss sich in seiner Entscheidung aus dem November 1991 der Rechtsauffassung des BGH an und verlangte zudem, dass die Einwilligung des Patienten in die Weitergabe der Abrechnungsdaten der Schriftform bedarf.[301]

Im Dezember des gleichen Jahres entwickelte der Bundesgerichtshof diese Rechtsprechung weiter, indem er sich unter Bezugnahme auf das informationelle Selbstbestimmungsrecht[302] des Patienten, Art. 2 I GG, und der ärztlichen Schweigepflicht, § 203 StGB, auf den Standpunkt stellte, eine in einem Praxisveräußerungsvertrag enthaltene Regelung, wonach der veräußernde Arzt auch ohne Zustimmung der betroffenen Patienten zur Übergabe patientenbezogener Behandlungs- und Abrechnungsunterlagen an den Erwerber verpflichtet wird, sei nichtig gemäß § 134 BGB i. V. m. 203 I Nr. 1 StGB.[303] Mit der Übergabe der Patientenkartei an den Praxisnachfolger geht in gleicher Weise wie bei der Abtretung ärztlicher Honorarforderungen eine unzulässige Offenbarung von Privatgeheimnissen einher.[304] Neu an dieser Entscheidung ist die Hervorhebung des Rechts des Patienten auf informationelle Selbstbestimmung, die sich aus Art. 2 I

---

[296] NJW 1991, 2955, II 1. b) cc) der Entscheidungsgründe.
[297] A.a.O., II 1. b) dd) der Entscheidungsgründe.
[298] A.a.O., II 1. b) ee) der Entscheidungsgründe.
[299] Ausführlich hierzu unter II 1. c) der Entscheidungsgründe.
[300] Urt. v. 18.11.1991, 6 U 47/91, NJW 1992, 757.
[301] A.a.O., unter Ziff. 3 der Entscheidungsgründe.
[302] Zum Recht auf informationelle Selbstbestimmung als konkretisierende Ausprägung des allgemeinen Persönlichkeitsrecht vgl. etwa das „Volkszählungsurteil" des Bundesverfassungsgerichts vom 15.12.1983, BVerfGE 65, 1, 41 ff. = NJW 1984, 419, 421 f.; vgl. hierzu auch BVerfG, Beschl. v. 23.10.2006, 1 BvR 2027/02, MedR 2007, 351-354. Zu den Konsequenzen aus dem Recht auf informationelle Selbstbestimmung für die Frage der Abtretung von Honorarforderungen vgl. RING, BB 1994, 373, 374 unter 2. b) bb).
[303] BGH, Urt. v. 11.12.1991, VIII ZR 4/91, NJW 1992, 737, 739 = BGHZ 116, 268 = MDR 1992, 226. Zur früher vertretenen gegenteiligen Auffassung des BGH vgl. Urt. v. 07.11.1973, VIII ZR 228/72, NJW 1974, 602 = MDR 1974, 221.
[304] NJW 1992, 737, 739 unter Ziff. 2 a) der Entscheidungsgründe. Zur Nichtigkeit von Vereinbarungen über Verkauf von Honorarforderungen und Übertragung von Akten im Rechtsanwaltskanzleiübernahmevertrag vgl. BGH, Urt. v. 17.05.1995, VIII ZR 94/94, NJW 1995, 2026.

GG ergibt und die daraus herzuleitende besondere Schutzbedürftigkeit personenbezogener Daten. Nach dem BGH ist der Schutz der häufig über intime Einzelheiten aufschlussgebenden ärztlichen Behandlungsunterlagen nicht mehr in ausreichendem Maße gewährleistet, wenn ihre Weitergabe allein aus der objektiven Interessenlage der Betroffenen gerechtfertigt wird und die Beurteilung dieser Interessenlage an die Stelle einer freien Entscheidung des Patienten tritt. Will der Arzt die Patientenunterlagen weitergeben, muss er vorab die Zustimmung der betroffenen Patienten einholen.[305] Einer ausdrücklichen Einverständniserklärung bedarf es dann nicht, wenn der Patient seine Zustimmung durch schlüssiges Verhalten eindeutig zum Ausdruck bringt. Dies ist etwa der Fall, wenn er sich beim Praxisnachfolger in ärztliche Behandlung begibt.[306] Elektronisch gespeicherte Behandlungsunterlagen können nur mit schriftlicher Zustimmung des Patienten weitergegeben werden,[307] § 4 II 2 BDSG a. F.[308] Jedwede andere Weitergabe stellt ein unbefugtes Offenbaren von Patientengeheimnissen dar, wobei es für die zivilrechtliche Folge des § 134 BGB nicht darauf ankommt, ob auch die subjektiven Voraussetzungen für eine Strafbarkeit des betroffenen Arztes vorliegen.[309] In seiner Entscheidung vom 25. März 1993 bestätigt der Bundesgerichtshof seine Rechtsauffassung und überträgt sie auf die Abtretbarkeit von Honorarforderungen eines Rechtsanwalts. Eine Weitergabe, sofern sie ohne Zustimmung seitens der Mandanten erfolgt, ist in gleicher Weise wegen der damit nach § 402 BGB verbundenen umfassenden Informationspflicht in der Regel nichtig.[310]

---

[305] A.a.O. unter Ziff. 2 b) der Entscheidungsgründe.
[306] A.a.O. unter Ziff. 2 c) cc) der Entscheidungsgründe. Die Praxis behilft sich hier des „Zwei-Schrank-Modells". Dabei wird zwischen veräußerndem und erwerbendem Arzt ein Verwahrungsvertrag geschlossen. Der Übernehmer darf nur dann Zugriff auf eine in der Altkartei enthaltenen Patientenakte nehmen, wenn der behandlungssuchende Patient durch Erscheinen in der Praxis (schlüssig oder ausdrücklich) einer Übernahme und Nutzung der Altkartei zustimmt; Ratzel in Ratzel/Lippert, MBO, § 10 Rn 11 ff.
[307] A.a.O. unter Ziff. 2 b) der Entscheidungsgründe.
[308] Nunmehr § 4a I 3 BDSG. Die Einwilligung kann auch in elektronischer Form abgegeben werden, solange sie nicht eindeutig ausgeschlossen ist, § 126 III BGB, Simitis/Simitis, BDSG, § 4a Rn 36. Zur Bedeutung des (§ 28 VI) BDSG bei der Veräußerung von Arztpraxen vgl. Simitis/Simitis, BDSG, § 28 Rn 323. Zu datenschutzrechtlichen Grundsätzen im Zusammenhang mit der Abtretung ärztlicher Honorarforderungen eingehend Körner-Dammann, NJW 1992, 729, 730. Zur Bedeutung des BDSG in der Arztpraxis s. auch Deutsch/Spickhoff, Medizinrecht, Rn 615-619.
[309] NJW 1992, 737, 740 unter Ziff. 2 e) der Entscheidungsgründe. Bereits der objektive Verstoß gegen den Tatbestand des § 203 I Nr. 1 StGB hat die Nichtigkeit des betreffenden Rechtsgeschäfts zur Folge, BGH NJW 1991, 2955 unter II 2 b) ff.
[310] BGH, Urt. v. 25.03.1993, IX ZR 1992/92, NJW 1638. Diese Rechtsprechung ist mittlerweile überholt durch § 49b IV BRAO, dazu Diepold, MDR 1995, 23. Zur neueren Rechtsprechung vgl. LG München I, Urt. v. 09.12.2003, 13 S 9710/03, BB 2004, 1075; BRAK-Mitteilungen 2004, 88 (Revision BGH, Urt. v. 09.06.2005, IX ZR 14/04, n. v.) und gegenteilige Auffassung des OLG Hamburg, OLGR 2001, 75. Die Abtretung der Gebührenforderung eines Rechtsanwalts ist wirksam, wenn der Mandant sich damit ausdrücklich schriftlich einverstanden erklärt hat. Weitere Wirksamkeitsvoraussetzungen bestehen entgegen dem Wortlaut des § 49 b IV S. 2 BRAO nicht, AG Karlsruhe, Urt. v. 24.10.2006, 7 C 266/06, MDR 2007, 496. Die Abtretung einer Anwaltsgebührenforderung an einen Rechtsanwalt ist ohne Zustimmung des Mandanten wirksam, BGH, Urt. v. 01.03.2007, IX ZR 189/05, NJW 2007, 1196.

Auch in seiner jüngeren Rechtsprechung hält der Bundesgerichtshof unverändert an der eingeschränkten Abtretbarkeit ärztlicher Honorarforderungen fest.[311]

bb) Einschränkung der Pfändbarkeit

Auch die Pfändung einer Forderung[312] führt zur Übertragung von Gläubigerrechten.[313] Im Folgenden ist zu untersuchen, ob aus der vorbeschriebenen Rechtsprechung insbesondere des Bundesgerichtshofs, wonach die zustimmungslose Abtretung der Honoraransprüche von zur Verschwiegenheit verpflichteten Ärzten regelmäßig nichtig ist, der Schluss zu ziehen ist, diese Forderung sei als solche materiell-rechtlich unübertragbar und daher gemäß § 851 ZPO unpfändbar (und infolgedessen gemäß § 36 I 1 InsO nicht massezugehörig).

Gemäß § 851 I ZPO[314] ist eine Forderung nur pfändbar, soweit sie übertragbar ist. Nach dieser zivilprozessualen Vorschrift soll eine Forderung, die materiell-rechtlich nicht übertragen werden kann, auch nicht gepfändet werden dürfen. Die Grundaussage des § 851 I ZPO lautet demnach: Unübertragbarkeit bedeutet Unpfändbarkeit.[315]

Hieraus ließe sich bereits die Unpfändbarkeit dieser Forderungen schlussfolgern.[316] Denkgesetzliche Überlegungen bestätigen dieses Ergebnis: § 400 BGB[317] bestimmt, dass eine Forderung nur abgetreten werden kann, soweit sie der Pfändung unterworfen ist. Im Zusammenspiel mit § 851 I ZPO ergibt sich damit aus der Übertragbarkeit

---

[311] BGH, Beschl. v. 17.02.2005, IX ZB 62/04, NJW 2005, 1505, 1506 = NZI 2005, 263 = GesR 2005, 365 – unter 1 bb).
[312] Die Forderungspfändung ist ein Mittel zur zwangsweisen Vollstreckung von Geldansprüchen, die dem Gläubiger den Zugriff auf die Außenstände seines Schuldners ermöglicht. In der Vollstreckungspraxis hat die Pfändung von Forderungen in der Gestalt der Lohn- und Kontenpfändung eine große Bedeutung. Zur Entwicklung der zivilrechtlichen Zwangsvollstreckung ausführlich VON DER FECHT, Forderungspfändung, S. 33-76; BAUR/STÜRNER/BRUNS, Zwangsvollstreckungsrecht, Rn. 3.1-29. Ausführliche Darstellung zu den Wirkungen der Pfändung bei HINTZEN, Forderungspfändung, Rn 134 ff.
[313] MünchKommZPO/SMID § 851 Rn 1. Die Pfändung führt – wie die Verpfändung – zur Abspaltung von Gläubigerbefugnissen (der Verwertungsbefugnis), BAUR/STÜRNER/BRUNS, Zwangsvollstreckungsrecht, Rn 25.1.
[314] Wortlaut des § 851 I ZPO: Eine Forderung ist in Ermangelung besonderer Vorschriften der Pfändung nur insoweit unterworfen, als sie übertragbar ist. Unter „besondere Vorschriften" sind hierbei Regelungen zu verstehen, die eine Pfändung auch bei einer gesetzlich angeordneten Unübertragbarkeit zulassen, ABEL, Pfändungsschutz, S. 32. So verhindert z.B. § 719 I BGB die Veräußerung von Anteilen am Gesellschaftsvermögen einer BGB-Gesellschaft; § 851 I 1 ZPO (als „besondere Vorschrift" i. S. v. § 851 I 1 ZPO) erlaubt die Pfändung, vgl. ABEL, Pfändungsschutz, S. 193.
[315] ABEL, Pfändungsschutz, S. 31. Dies gilt, sofern nicht Sondervorschriften die Pfändbarkeit trotz Unübertragbarkeit erlauben. Zutreffender daher „Unübertragbarkeit bedeutet *grundsätzlich* Unpfändbarkeit".
[316] So etwa LÜKE, der ausgehend von der Rechtsprechung des BGH zur Unabtretbarkeit der Honorarforderungen von Angehörigen jener Berufsgruppen, die § 203 I StGB unterliegen, auf die Unübertragbarkeit dieser Honorarforderungen und damit auf die Unpfändbarkeit schließt, Wieczorek/Schütze/LÜKE § 851 Rn 10. So auch LG Memmingen, Beschl. v. 20.06.1995, 4 T 917/95, NJW 1996, 793, 794.
[317] Wortlaut des § 400 BGB: Eine Forderung kann nicht abgetreten werden, soweit sie der Pfändung nicht unterworfen ist. Die Grundaussage des § 400 BGB lautet demnach: „Unpfändbarkeit bedeutet Unübertragbarkeit", ABEL, Pfändungsschutz, S. 36.

einer Forderung deren Pfändbarkeit und hieraus wiederum deren Abtretbarkeit. Aus der Unabtretbarkeit einer Forderung kann demnach durchaus auf deren Unpfändbarkeit geschlossen werden.[318]

Wie nachfolgend näher darzulegen ist, verfolgt die Rechtsprechung einen anderen Weg. § 400 BGB gilt als das materiell-rechtliche Gegenstück zu § 851 ZPO.[319] Beide Normen ergänzen sich gegenseitig und sollen eine Umgehung des Pfändungsverbots durch Abtretung oder Verpfändung ausschließen.[320] Auch wenn sich beide Vorschriften grundsätzlich entsprechen,[321] kann hieraus nicht der Schluss gezogen werden, es gäbe einen Gleichlauf von (fehlender) Pfändbarkeit und (fehlender) Abtretbarkeit.[322] Vielmehr kommt es für die jeweilige Forderung auf den spezifischen Grund für den Ausschluss der Übertragbarkeit an. Auf die Unpfändbarkeit kann demnach erst geschlossen werden, wenn ihr dieser Grund „in Ermangelung besonderer Vorschriften"[323] entgegensteht.[324]

Die Rechtsprechung lehnt es einhellig ab, aus der eingeschränkten Abtretbarkeit von Honorarforderungen der zur Berufsverschwiegenheit verpflichteten Berufsträger auf eine Unpfändbarkeit solcher Honorarforderungen zu schließen.[325] So entschied der Bundesgerichtshof,[326] dass die Honoraransprüche einer Diplom-Psychologin aus gutachterlicher Tätigkeit gegen Dritte wie Gebührenansprüche freiberuflich tätiger Personen in vollem Umfange pfändbar sind und daher in die Insolvenzmasse fallen. Nach dem Beschluss des BGH vom 16.10.2003[327] sind Gebührenforderungen von Rechtsanwälten grundsätzlich pfändbar und gehören zur Insolvenzmasse. Der BGH nimmt hierbei ausdrücklich Bezug auf seine Rechtsprechung zur Pfändbarkeit der Honoraransprüche von Steuerberatern[328] und führt aus, dass das Gleiche auch für Gebührenforderun-

---

[318] Die Aussagen „aus Pfändbarkeit folgt Abtretbarkeit" und „aus Nichtabtretbarkeit folgt Nichtpfändbarkeit" sind logisch äquivalent. Eingehend zu aussagenlogischen Strukturen, JOERDEN, Logik, S. 5-31.
[319] BAUR/STÜRNER/BRUNS, Zwangsvollstreckungsrecht, Rn 25.2; Wieczorek/Schütze/LÜKE § 851 Rn 1. Nach anderer Auffassung hat auch § 851 ZPO einen materiell-rechtlichen Gehalt, vgl. MünchKommZPO/SMID § 851 Rn 1; Hk-ZV/MELLER-HANNICH, § 851Rn 1. Für die letzte Ansicht spricht auch die Gesetzgebungsgeschichte, vgl. ABEL, Pfändungsschutz, S. 60-66.
[320] Wieczorek/Schütze/LÜKE § 851 Rn 1.
[321] So LÜKE, der auch darauf hinweist, dass es Forderungen gibt, die gepfändet werden dürfen, obwohl sie nicht übertragen werden können; und Forderungen, die zwar übertragen, aber nicht gepfändet werden dürfen, Wieczorek/Schütze/LÜKE § 851 Rn 2 mit zahlreichen Beispielen.
[322] Hk-ZV/MELLER-HANNICH, § 851Rn 4; RIEDEL, Abtretung und Verpfändung von Forderungen, S. 65 f.
[323] Vgl. § 851 I ZPO.
[324] Hk-ZV/MELLER-HANNICH, § 851Rn 4. Vgl. auch BFH, Beschl. v. 01.02.2005, Fn. 381.
[325] Ausnahme bildet etwa das LG Memmingen, Beschl. v. 20.06.1995, 4 T 917/95, NJW 1996, 793, 794.
[326] BGH, Beschl. v. 20.03.2003, IX ZB 388/02, WM 2003, 980, 983 unter V. 1.b).
[327] Beschluss auf Erlass einer einstweiligen Anordnung, IX ZB 133/03, NJW-RR 2004, 54; Beschl. v. 04.03.2004, NZI 2004, 312, 313 – insoweit nicht abgedruckt in BGHZ 158, 212, 218.
[328] BGH, Beschl. v. 25.03.1999, IX ZR 223/97, BGHZ 141, 173, 176 f. = NJW 1999, 1544 = NZI 1999, 191.

gen von Rechtsanwälten gelten müsse. Die betreffenden Forderungen sind schon in der Einzelvollstreckung genau nach Namen und Anschrift des Drittschuldners, nach dem Grund der Forderung und den Beweismitteln zu bezeichnen. In der Insolvenz ist „dies erst recht erforderlich".[329]

Diese Ansicht vertritt auch der Bundesfinanzhof.[330] Danach unterliegen Gebührenforderungen von Rechtsanwälten grundsätzlich der Pfändung.[331] Hieran ändert auch die in § 49b IV S. 2 BRAO normierte Einschränkung der Abtretung nichts. Diese führe nach dem BFH nicht zugleich zur Unübertragbarkeit i.S.v. § 851 I ZPO, die einer Pfändung entgegenstehe. In Fällen, in denen eine Abtretung – wie in § 49b IV S. 2 BRAO – nur unter bestimmten Voraussetzungen gestattet werde, kann erst eine Auslegung des beschränkenden Gesetzes ergeben, ob es sich zwingend auch gegen eine Pfändbarkeit richte. Mit der grundsätzlichen Untersagung der Abtretung von nicht titulierten Gebührenansprüchen an Personen, die nicht einer Rechtsanwaltskammer angehören, soll die Beachtung der beruflichen Verschwiegenheitspflichten auch bei der Durchsetzung von Honoraransprüchen sichergestellt werden.[332] Dies führt aber nicht zur Unübertragbarkeit nach § 851 I ZPO. Denn im Gegensatz zur Forderungsabtretung begibt sich der bisherige Gläubiger bei einer Forderungspfändung nicht freiwillig in eine drohende Pflichtenkollision, deren Vermeiden in sein Belieben gestellt wäre. Dem Vollstreckungsschuldner wird vielmehr durch § 836 III ZPO eine gesetzlich angeordnete Auskunftspflicht auferlegt, wonach der Schuldner verpflichtet ist, dem Gläubiger die zur Geltendmachung der Forderung nötige Auskunft zu erteilen und ihm die über die Forderung vorhandenen Urkunden herauszugeben. Dem Recht des Mandanten des Rechtsanwaltes auf informationelle Selbstbestimmung sei in ausreichender Weise Rechnung getragen, da die Auskunftspflicht nicht weitergehen kann, als dies gesetzlich gefordert wird. Die Auskunftsplicht nach § 836 III ZPO erstreckt sich demnach nicht auf eine uneingeschränkte Preisgabe von schutzwürdigen Daten des Mandanten.[333] Im Übrigen kann der Gläubiger auch im Verfahren nach § 807 I ZPO Angaben zur gepfändeten Forderung erzwingen. Diese beschränken sich jedoch – im Gegensatz zu § 836 III ZPO – auf Namen und Anschrift des Drittschuldners und den Grund der Forderung und

---

[329] BGH, Beschl. v. 16.10.2003, IX ZB 133/03, NJW-RR 2004, 54 = ZIP 2003, 2176.
[330] Beschl. v. 01.02.2005, VII B 198/04, FamRZ 2005, 980 = NJW 2005, 1308.
[331] Zur Pfändbarkeit der Honorarforderungen von Anwälten siehe Maier, Insolvenz des Rechtsanwalts, S. 109 ff.
[332] BFH a.a.O., unter Verweis auf die Gesetzesbegründung des § 49b BRAO (BT-Drucks. 12/4993, S. 31).
[333] A.A. Brehm. Danach hat der Gläubiger keinen Anspruch auf Auskunftserteilung und Urkundenhergabe nach § 836 III ZPO, wenn die Weitergabe von Daten oder Urkunden gegen § 203 StGB verstößt, Stein/Jonas/Brehm § 851 Rn 9.

die Beweismittel. Damit bleiben die Anforderungen der gesetzlich angeordneten Offenbarungspflichten weit hinter der umfassenden Informationspflicht nach § 402 BGB zurück. Die Offenbarung von Privatgeheimnissen erfolgt somit nicht unbefugt i.S.v. § 203 I StGB, sondern wird durch § 807 ZPO gerechtfertigt.[334]

In der Rechtssache zum Aktenzeichen IX ZB 62/04 hatte sich der Bundesgerichtshof[335] unter anderem mit der Frage auseinanderzusetzen, ob ein Internist, über dessen Vermögen das Insolvenzverfahren eröffnet worden war, vom Insolvenzverwalter gemäß § 97 I 1 InsO verpflichtet werden kann, Auskunft über die Privatpatienten zu erteilen, die er seit dem Tag der Insolvenzeröffnung behandelt hat[336], wobei Vornamen, Namen und zustellfähige Anschrift der Betreffenden benannt und Angaben zum Honorar gemacht werden sollten. Der Arzt legte eine Aufstellung über seine Forderungen gegenüber Privatpatienten in anonymisierter Form vor und berief sich hinsichtlich der Identität der Patienten und der Art der Behandlung auf die ärztliche Schweigepflicht. Amtsgericht und Landgericht haben die Auskunftspflicht des Arztes bejaht. Auch nach Auffassung des BGH sind die aufgrund der privatärztlichen Verträge entstandenen Forderungen pfändbar und unterliegen somit dem Insolvenzbeschlag.[337] In der Begründung bezieht er sich auf seine Rechtsprechung zur Pfändbarkeit von Honorarforderungen von Steuerberatern und Rechtsanwälten und überträgt die dort formulierten Überlegungen auf die Honorarforderungen des Arztes. Danach ist das Recht des Patienten auf Geheimhaltung seiner persönlichen Umstände, das sich aus § 9 MBO-Ä, dem Behandlungsvertrag, aus § 203 I Nr. 1 StGB und dem allgemeinen Persönlichkeitsrecht in seiner speziellen Ausformung des Rechtes auf informationelle Selbstbestimmung (Art. 2 i.V.m. Art. 1 I GG) ergibt, gegen das von Art. 14 I GG geschützte Befriedigungsinteresse der Gläubiger abzuwägen. Letztere haben nach Ansicht des BGH insofern Vorrang, als die Angaben der Namen der Patienten als Drittschuldner und die Höhe der Forderungen für die Durchsetzung der Gläubigerrechte erforderlich sind. Nach dieser Entscheidung wird ein der Güterabwägung von vornherein entzogener Intimbereich der Patienten, der selbst bei schwerwiegenden Interessen der Allgemeinheit nicht tangiert werden dürfe,[338] auch hier nicht betroffen. Die Beeinträchtigung des Persönlichkeitsrechts

---

[334] BFH a.a.O., S. 981.
[335] BGH, Beschl. v. 17.02.2005, IX ZB 62/04, BGHZ 162, 187 = NJW 2005, 1505 = NZI 2005, 263 = GesR 2005, 365.
[336] Die rechtlichen und tatsächlichen Probleme bei der Abwicklung dieser Arbeitspraxis beschreibt VALLENDER, DERS., NZI 2003, 530-532.
[337] BGHZ 162, 187, 191 unter 1.b).
[338] Vgl. BVerfG, Beschl. v. 14.09.1989, 2 BvR 1062/87, BVerfGE 80, 367, 373.

sei vielmehr hinnehmbar, da der Patient, indem er beispielsweise die Räumlichkeiten der Praxis aufsucht oder eine ärztliche Rechnung per Post übersandt bekommt, notwendigerweise in Kontakt mit seiner Umwelt tritt. Auch offenbare die bloße Tatsache eines Arztbesuchs keine Einzelheiten über gesundheitliche Beeinträchtigungen und Erkrankungen. Soweit der Schuldner durch Gesetz dazu berechtigt oder dazu verpflichtet wird, offenbart der Arzt die der Geheimhaltung unterliegenden Daten nicht unbefugt i.S.v. § 203 I StGB. Die Auskunftspflichten nach § 97 I 1 InsO bilden hierfür eine gesetzliche Grundlage. Die Insolvenzgläubiger haben ein berechtigtes Interesse daran, feststellen zu lassen, inwieweit an den Schuldner erfolgte Zahlungen zur Erfüllung der Honorarforderungen geführt haben und in welchem Umfang bestehende Ansprüche der Masse noch geltend gemacht und durchgesetzt werden können. So sei es erforderlich, dass der Insolvenzverwalter anhand der Rechnungslegung nachvollziehen und kontrollieren kann, wem gegenüber welche Forderungen bestehen, inwieweit diese getilgt sind und wohin das Geld geflossen ist. Ohne Nennung der Patientendaten sei eine solche Überprüfung jedoch nicht möglich. Im Übrigen dürfen Insolvenzverwalter die ihnen zugänglich gemachten Daten nur verwerten, soweit dies zur Erfüllung der ihnen im Insolvenzverfahren obliegenden Aufgaben notwendig ist. Zudem stellt das Insolvenzgericht bei der Auswahl der Verwalter hohe persönliche Anforderungen, zu denen auch ihre Integrität gehört. Dies soll eine hinreichende Gewähr dafür bieten, dass die aus dem Insolvenzverfahren bekannt werdenden Informationen vertraulich behandelt werden.[339]

Die Verpflichtung besteht nach der jüngsten Entscheidung des BGH zu diesem Problemkreis auch im Insolvenzverfahren über das Vermögen eines Facharztes für Psychiatrie, Psychotherapie und Psychoanalyse.[340]

Auch in der Literatur herrscht vorwiegend die Auffassung, dass – im Einklang mit der Rechtsprechung – unübertragbare Honoraransprüche der zur Berufsverschwiegenheit Verpflichteten voraussetzungslos zur Haftungsmasse der Gläubiger gehören. So führt etwa BERGER zunächst zahlreiche Beispiele an für die Bindung der Übertragbarkeit eines Vollstreckungsgegenstandes an die Zustimmung eines Dritten,[341] im Ergebnis sieht er in der Ausnahmevorschrift des § 851 II ZPO die Grundlage für die Insolvenzbefangen-

---

[339] BGH, BGHZ 162, 187, 193 f. – unter 1.c)
[340] BGH, Beschl. v. 05.02.2009, IX ZB 85/08, ZIP 2009, 734.
[341] BERGER, NJW 1995, 1584, 1585 – unter III.1.

heit vertragsärztlicher Honorarforderungen, die somit nicht von der Zustimmung der Patienten abhängt.[342]

Intensiv mit dem Pfändungsschutz nach § 851 ZPO befasste sich ABEL. Im Zusammenhang mit der hier in Rede stehenden Problematik stimmt er ausdrücklich der Rechtsprechung des BGH zu und verweist darauf, dass § 851 I ZPO zunächst solche Forderungen erfasst, die rechtlich nicht übertragen werden können, weil es ihnen an der nötigen Verkehrsfähigkeit fehlt. Hingegen betrifft § 134 BGB das rechtliche Dürfen. Eine Forderung soll nicht abgetreten werden dürfen, wenn dadurch gegen ein Verbotsgesetz verstoßen würde, obwohl in solchen Fällen die Forderung grundsätzlich übertragbar, also verkehrsfähig ist. Mit dem BGH macht ABEL die Beantwortung der Frage, ob die Unabtretbarkeit auf die Unpfändbarkeit durchschlägt von der Auslegung des Verbotsgesetzes, hier der Abtretungsbeschränkung abhängig. Sollte ein entsprechender Wille des Gesetzgebers festgestellt werden können und überwiegt dieser gegenüber dem Befriedigungsinteresse des Vollstreckungsgläubigers, so findet § 851 I ZPO im Hinblick auf § 134 BGB Anwendung. Nach ABEL ist das bei ärztlichen Honorarforderungen aber nicht der Fall. Die Auskunftspflicht nach § 836 III ZPO soll auf die Höhe der Forderungen beschränkt sein.[343]

MAI lehnt die Unpfändbarkeit der Honorarforderungen der zur Verschwiegenheit verpflichteten Berufsträger ab, da eine solche Lösung „für die Praxis"[344] unbefriedigend sei. Demgemäß zählen auch privatärztliche Honorarforderungen zu pfändbaren und damit massezugehörigen Vermögenswerten.[345] MAI erwägt zwar, ob Honorarforderungen von Ärzten, die sich auf Neurologie, Urologie oder Schwangerschaftsabbrüche spezialisiert haben, hiervon auszunehmen sind; im Ergebnis schließt MAI dies aber aus, indem sie die Rechtsprechung des BGH[346] – in Bezug auf die hohen persönlichen Anforderungen, die an den Insolvenzverwalter gestellt werden und die sich hieraus ergebende hinreichende Gewähr für den Schutz patientenbezogener Daten – auch auf diesen sensiblen Bereich überträgt.[347] Zu keinem anderen Befund gelangt die Analyse von SCHILDT. Sie wägt gleichermaßen die Interessen der Patienten bzw. Mandanten an einer Geheimhaltung schutzbedürftiger Informationen gegen die Gläubigerinteressen ab und

---

[342] BERGER, a.a.O., 1589 – unter VII.2.
[343] ABEL, Pfändungsschutz, S. 43 f.
[344] Unter „Praxis" dürfte MAI wohl die „Praxis der Insolvenzverwaltung" nicht aber die „Praxis des Arztes" verstehen, vgl. MAI, Insolvenz des Freiberuflers, S. 53.
[345] MAI, Insolvenz des Freiberuflers, S. 59 ff.
[346] BGH, Beschl. v. 06.05.2004, IX ZB 349/02, ZIP 2004, 1214, 1216.
[347] MAI, a.a.O., S. 62 f.

entscheidet diesen Konflikt zugunsten Letzterer. Infolge der Massezugehörigkeit soll der Insolvenzverwalter grundsätzlich zur Einziehung privatärztlicher Honorarforderungen mit Wirkung für die Masse berechtigt und verpflichtet sein. Im jeweiligen Einzelfall schlägt SCHILDT zur Wahrung der Patientenrechte vor, den Schuldner bei einer erforderlichen Einsichtnahme in die Praxisunterlagen mit einzubeziehen.[348] VAN ZWOLL, MAI, ECKARDT und REHBORN handeln diese Problematik mit einem schlichten Hinweis auf die Rechtsprechung des Bundesgerichtshofs[349] ab, welcher sie sich offenbar anschließen.[350] Lediglich HARLFINGER schränkt die Massezugehörigkeit von Honorarforderungen schweigeverpflichteter Freiberufler ein. Deren Forderungen sind grundsätzlich pfändbar, eine Ausnahme soll jedoch bei privatärztlichen Ansprüchen gelten.[351] Nach HARLFINGER ist das informationelle Selbstbestimmungsrecht des Patienten höher einzustufen als das Befriedigungsinteresse der Gläubiger.[352] Die Rechtsprechung des BGH zur Pfändbarkeit von Honorarforderung der Steuerberater und Rechtsanwälte könne insoweit auf Ärzte und Zahnärzte nicht übertragen werden.[353]

Die Massezugehörigkeit privatärztlicher Honorarforderungen bejaht mehrheitlich auch die insolvenzrechtliche Kommentarliteratur.[354]

c) **Stellungnahme**

Das Recht des Patienten auf die Einhaltung der ärztlichen Verschwiegenheit ist umfassend geschützt durch das Grundgesetz, das Strafrecht, das Datenschutzrecht, die ärzt-

---

[348] SCHILDT, Insolvenz des Freiberuflers, S. 75 – unter (2) (b).
[349] BGH, Beschl. v. 17.02.2005, IX ZB 62/04, NJW 2005, 1505 = NZI 2005, 263 = GesR 2005, 365; Urt. v. 16.10.2003, IX ZB 133/02, ZIP 2176.
[350] VAN ZWOLL ET AL., Arztpraxis, Rn 409.
[351] HARLFINGER, Freiberufler, S. 66 – unter c).
[352] Ebda. – unter b).
[353] Ebda.
[354] BÄUERLE bejaht einschränkungslos – mit Hinweis auf die Rechtsprechung insbesondere des BGH – die Pfändbarkeit für Honorarforderungen aus privatärztlicher Behandlung, Braun/BÄUERLE InsO § 36 Rn 6; ebenso KPG/HOLZER § 35 Rn 80; HambKomm/LÜDTKE § 35 Rn 151; MOHRBUTTER in Mohrbutter/Ringstmeier, Insolvenzverwaltung, § 6 Rn 190, 200 f; Uhlenbruck/HIRTE § 36 Rn 24-26. Nach SCHUMACHER sind Honorarforderungen von Steuerberatern und Rechtsanwälten grundsätzlich pfändbar. Ärztliche Honorarforderungen bleiben unerwähnt, FK-InsO/SCHUMACHER § 36 Rn 24a; ebenso bei Andres/LEITHAUS § 35 Rn 7; HENCKEL in Jaeger, InsO, § 36 Rn 36; FA-InsR/MAIER, Kap. 3 Rn 153. Auch Hess lässt in der Kommentierung zu den §§ 35, 36 InsO die Honoraransprüche der Ärzte unerwähnt und beschränkt sich auf die Darstellung der Ansprüche von Steuerberatern und Rechtsanwälten, vgl. HESS, InsO, §§ 35, 36 Rn 208-210, 236. Unter Bezugnahme auf den Beschl. des LG Köln v. 17.02.2004, 19 T 262/03, ZVI 2004, 193, wonach von der Auskunftspflicht nach § 97 InsO auch privatärztliche Honoraransprüche erfasst sind, greift Hess die Thematik der ärztlichen Zahlungsansprüche auf und bejaht (wohl) deren Massezugehörigkeit, vgl. HESS, InsO, § 97 Rn 21. LWOWSKI und PETERS meinen – unter Bezugnahme auf SCHÖNING, InVo 1999, 297, 300 –, dass bei Honorarforderungen von spezialisierten Ärzten (z.B. Spezialist für AIDS oder Schwangerschaftsabbrüche) unter Umständen anders zu entscheiden sei, MünchKommInsO-LWOWSKI/PETERS § 35 Rn 386. EICKMANN schließt sich dieser differenzierenden Ansicht an, vgl. EICKMANN in HK-InsO § 36 Rn 30.

liche Berufsordnung und den Behandlungsvertrag. Der ärztlichen Schweigepflicht entspricht ein Zeugnisverweigerungsrecht.[355] Unzulässig ist es bereits, wenn der Arzt (unbefugt)[356] gegenüber anderen zur Berufsverschwiegenheit verpflichteten Dritten Angaben darüber macht, dass ein Patient sich bei ihm in Behandlung befindet.[357] Entsprechendes gilt auch für den Steuerberater oder den Rechtsanwalt. Nach der hier vertretenen Auffassung macht es aber einen beachtlichen Unterschied, ob – dem nicht zwangsläufig zur Verschwiegenheit verpflichteten Insolvenzverwalter[358] – bekannt wird, dass jemand seine Einkommensteuererklärung bei einem (insolventen) Steuerberater hat anfertigen lassen, oder aber ob jemand sich z. B. bei einem auf Schwangerschaftsabbrüche spezialisieren Frauenarzt begeben hat oder Patient in einer HIV-Schwerpunktpraxis ist.[359] Aber auch bei weniger sensibel erscheinenden Patientendaten ist der vom Landgericht Memmingen[360] vertretenen Mindermeinung zuzustimmen, wonach die Inanspruchnahme steuer- oder rechtsberatender Hilfe keiner besonderen Geheimhaltung bedarf; sie ist insbesondere nicht ehrenrührig. Rückschluss auf persönliche oder finanzielle Schwierigkeiten sind hierdurch nicht möglich. Hingegen können aus der Tatsache, dass sich jemand in Behandlung bei einem (Fach-)Arzt begeben hat, Rückschlüsse auf die Art der Erkrankung gezogen werden. Aus der Höhe der Honorarforderung sind zudem Rückschlüsse auf die Intensität der Behandlung möglich. Der Wille des Patienten, so höchstpersönliche Dinge wie die Beurteilung des Gesundheits-

---

[355] Im Strafverfahren: §§ 53 Abs. 1 Nr. 3, 53a StPO, im zivilgerichtlichen Verfahren: § 383 Abs. 1 Nr. 6 ZPO; im finanzgerichtlichen Verfahren: § 84 FGO i.V.m. § 102 AO. Gesetzliche Offenbarungspflichten und -befugnisse bspw. in den §§ 6 ff., 11, 25 Abs. 2 IfSG oder §§ 294 ff. SGB V.

[356] Zu gesetzlichen Offenbarungsrechten, zu Rechtfertigungsgründen der Offenbarung und zur Offenbarungspflicht trotz ärztlicher Schweigepflicht vgl. ULSENHEIMER in Laufs/Kern, Arztrecht, § 67 Rn 7-19. Ausführlich hierzu THEUNER, ärztliche Schweigepflicht, S. 224-275.

[357] Vgl. DEUTSCH/SPICKHOFF, Medizinrecht, Rn. 606; BRÖTEL, NJW 1998, 3387, 3388 m.w.N.

[358] Mangels berufsrechtlicher Regelungen sind Insolvenzverwalter als solche nicht zur Verschwiegenheit verpflichtet. Etwas anderes wird zu gelten haben bei Verwaltern, die gleichzeitig Rechtsanwalt sind. Die Anforderungen an den Insolvenzverwalter werden in § 56 InsO geregelt. Danach kann zum Insolvenzverwalter bestellt werden, wer eine für den Einzelfall geeignete, besonders geschäftskundige und von den Gläubigern und dem Schuldner unabhängige natürliche Person ist. Auch wenn unter dem Stichwort „Eignung" ein gewisses Maß an Integrität des Verwalters zu erwarten ist, bleibt fraglich, ob hierunter auch die Einhaltung der Verschwiegenheit fällt. Zudem fehlt es an geeigneten Sanktionen. Möglicherweise unterfallen Insolvenzverwalter als „Amtsträger" der Verschwiegenheitspflicht nach § 203 II Nr. 1 StGB. In dem Beschl. v. 17.02.2005, IX ZB 62/04, ließ der BGH die Frage nach der Verschwiegenheitsverpflichtung der Insolvenzverwalter ausdrücklich unbeantwortet, vgl. BGHZ 162, 188, 194. Im Beschl. v. 25.03.1999, IX ZR 223/97, BGHZ 141, 173, 176 f. = NJW 1999, 1544, 1547, - dort letzter Absatz - regt der BGH an, „den Verwalter aufgrund seiner Bestellung ähnlichen Verschwiegenheitspflichten zu unterwerfen wie den insolvent gewordenen Geheimnisträger selbst."

[359] Zur ärztlichen Schweigepflicht bei HIV-Infektion etwa OLG Frankfurt a.M., Urt. v. 05.10.1999, 8 U 67/99, MedR 2001, 143 – mit Anmerkungen ENGLÄNDER. Danach ist der Arzt verpflichtet, den Partner seines Patienten über dessen HIV-Infektion zu unterrichten, wenn Zweifel an der Bereitschaft des Patienten zum Infektionsschutz bestehen. Anlass für entsprechende Zweifel besteht bereits dann, wenn der HIV-infizierte Patient ausdrücklich um Geheimhaltung seiner Erkrankung gegenüber dem Partner bittet.

[360] So auch LG Memmingen, Beschl. v. 20.06.1995, 4 T 917/95, NJW 1996, 793, 794.

zustandes durch einen Arzt vor fremden Blick zu bewahren, verdient auch im Insolvenzverfahren über das Vermögen (s)eines Arztes Beachtung.[361]

Der Bundesgerichtshof stellt sich auf den Standpunkt, über das Vermögen eines Arztes, der ausschließlich Privatpatienten behandelt, könnte überhaupt kein Insolvenzverfahren durchgeführt werden, wenn dieser nicht zur Auskunft über seine Honorarforderungen verpflichtet werden kann.[362] Ob man sich diesem Ergebnis anschließen muss, kann bezweifelt werden. Zwar ist es zutreffend, dass die ärztliche Schweigepflicht weichen muss, wenn überragende Interessen des Gemeinwohls es erfordern.[363] Ob dies in der vorliegend thematisierten Problematik bereits der Fall ist, erscheint jedoch fraglich. Denn der Abwägungsprozess zwischen den Geheimhaltungsinteressen der Patienten (einerseits) und den Interessen der Gläubiger an der Erfassung und Realisierung der Honorarforderungen des insolventen Arztes (andererseits) muss nicht zwingend in eine „Alles-oder-nichts-Entscheidung" münden. Ein milderes Mittel wäre eine Informationsverpflichtung des insolventen Arztes gegenüber einem zur ärztlichen Verschwiegenheit verpflichteten Berufs- oder Amtsträger.[364] Angesichts der gestiegenen Zahl jährlicher Arztinsolvenzen[365] wäre es zum Schutz der eingehend beschriebenen Patientenrechte zu begrüßen, würde der insolvente Arzt die begehrten Auskünfte, deren Richtigkeit und Vollständigkeit ggf. an Eides statt zu versichern sind, gegenüber einem Arzt der Kassenärztlichen Vereinigung oder der Ärztekammer[366] erteilen. Dieser könnte die Daten an den Insolvenzverwalter in anonymisierter Form weiterleiten. Soweit es dazu einer Gesetzesänderung bedarf, wäre der Gesetzgeber gefragt.

Hiergegen lässt sich auch nicht einwenden, dass es der Patient selbst in der Hand habe, seine Anonymität zu wahren, indem er die Honorarnote des Arztes rasch bezahlt. Hierdurch würde die Forderung des Arztes erlöschen und der Patient stünde nicht mehr im Mittelpunkt weiterer Ermittlungen des Insolvenzverwalters. Hiergegen spricht bereits

---

[361] BVerfG, Beschl. v. 08.03.1972, 2 BvR 28/71, NJW 1972, 1123, 1124 – unter B.I.1.c)
[362] BGH, Beschl. v. 05.02.2009, IX ZB 85/08, ZIP 2009, 734 – unter II. 1. Ebenso äußerte sich bereits BERGER, NJW 1995, 584, 1589 – unter VI. 1. b).
[363] BVerfG, Beschl. v. 08.03.1972, 2 BvR 28/71, NJW 1972, 1123; BVerwG, Urt. v. 11.05.1989, 3 C 68/85, NJW 1985, 2961, 2962 unter 2.
[364] Entsprechendes gilt bei der Offenbarung ärztlicher Honoraransprüche im Rahmen der eidesstattlichen Versicherung nach § 807 ZPO.
[365] Übersicht der Entwicklung der insolventen Selbständigen in freien Berufen bei HARLFINGER, Freiberufler, S. 15.
[366] Zum Einsichtsrecht der Ärztekammer in die Krankenakten von Privatpatienten s. DEUTSCH/SPICKHOFF, Medizinrecht, Rn 633.

die Tatsache, dass es gerade nicht Sache des Patienten ist, die ärztlichen Verschwiegenheitsverpflichtungen zu wahren.

Gegen die Zwischenschaltung eines schweigepflichtigen Mittlers könnte das Interesse der Verwalter an einer effizienten Insolvenzpraxis sprechen, die mit der hier vorgeschlagenen „institutionalisierten" Forderungsdurchsetzung gefährdet erscheint. Das mag auf den ersten Blick durchaus zutreffend sein, indes ist folgendes Argument zu beachten: Mit dem Arztberuf gehen umfassende Aufklärungspflichten einher. Die Verpflichtung des Arztes zur Aufklärung des Patienten ergibt sich aus dem Behandlungsvertrag.[367] Darunter fallen nicht nur die Eingriffs-[368] und Sicherheitsaufklärung,[369] sondern auch die sog. wirtschaftliche Aufklärung. Damit ist die Verpflichtung des Arztes zur Aufklärung des Patienten über die wirtschaftlichen Folgen des vorgeschlagenen ärztlichen Heileingriffs gemeint.[370] Der Arzt in einem insolventen MVZ wird danach als verpflichtet anzusehen sein, seine Patienten über die (vertrauensgefährdende) Tatsache aufzuklären, dass deren Daten, soweit dies für die Forderungsrealisierung erforderlich ist, Dritten, nämlich dem nichtärztlichen Insolvenzverwalter und dessen Mitarbeitern, zugänglich gemacht werden müssen. Im Ergebnis dürfte dieses MVZ – zumindest von Privatpatienten und Kassenpatienten, die Kostenerstattung nach § 13 SGB V gewählt haben – gemieden werden, wodurch die Fortführungschancen der in die Krise geratenen Zentrums sänken.

6. Ergebnis

Rechtsprechung und Literatur gehen ganz überwiegend von der Pfändbarkeit und damit Massezugehörigkeit privatärztlicher Honoraransprüche aus. Für das MVZ wird nichts anderes zu gelten haben, da die (sozialrechtlich geprägte) Organisation der ärztlichen Tätigkeit zu keinem anderen Ergebnis des vorbeschriebenen Abwägungsprozesses führen kann.

---

[367] Martis/Winkhart-Martis, Arzthaftungsrecht, Rn A 502.
[368] Auch als Selbstbestimmungsaufklärung bezeichnet. Eingehend hierzu Martis/Winkhart-Martis, a.a.O., Rn A 535-574.
[369] Therapeutische Aufklärung, vgl. Martis/Winkhart-Martis, a.a.O., Rn A 580-769.
[370] Martis/Winkhart-Martis, a.a.O., Rn 770. Vgl. hierzu auch die umfassende Rechtsprechungsübersicht bei Steffen/Pauge, Arzthaftungsrecht, Rn 375.

II. Honorarforderungen aus vertragsärztlicher Tätigkeit

1. Entstehung des vertragsärztlichen Vergütungsanspruchs

Das MVZ wird für seine Dienste nicht durch den gesetzlich versicherten Patienten vergütet,[371] sondern erhält sein Honorar von der Kassenärztlichen Vereinigung ausbezahlt,[372] deren Mitglieder die im MVZ angestellten Ärzte mit Zulassungserteilung gemäß § 95 III 2 SGB V geworden sind.[373]

Die Krankenkassen zahlen auf der Grundlage des Gesamtvertrages nach § 83 SGB V die Gesamtvergütung an die Kassenärztliche Vereinigung.[374] § 85 IV 1 SGB V verpflichtet die Kassenärztliche Vereinigung zur Verteilung der Gesamtvergütung an die an der vertragsärztlichen Versorgung teilnehmenden Leistungserbringer. Hierbei bilden Art und Umfang der von den Ärzten jeweils erbrachten Leistungen die Basis der Verteilung. Ein individueller Anspruch des einzelnen Vertragsarztes auf eine Vergütung in bestimmter Höhe besteht auch nach der Regelung in § 72 II a.E. SGB V nicht, sondern (nur) eine angemessene Teilhabe an der Gesamtvergütung.[375]

Die Honorarverteilung erfolgt gemäß § 85 IV 2, 10 SGB V nach einem Honorarverteilungsvertrag, der vom Vorstand der Kassenärztlichen Vereinigung mit den Krankenkassen gemeinsam und einheitlich abzuschließen ist. Der individuelle Vergütungsanspruch des Zentrums ergibt sich aus einem von der Kassenärztlichen Vereinigung erlassenen (vorläufigen) Honorarbescheid.[376]

2. Abtretbarkeit und Pfändbarkeit des vertragsärztlichen Vergütungsanspruchs

Fraglich ist, ob Bedenken gegen die Abtretbarkeit der gegen die Kassenärztliche Vereinigung gerichteten vertragsärztlichen Vergütungsansprüche bestehen.

---

[371] Etwas anderes gilt, wenn der Versicherte nach § 13 II 1 SGB V Kostenerstattung gewählt hat oder zwischen Versichertem und Vertragsarzt eine gesonderte Vereinbarung über nicht vom Leistungskatalog der Krankenkasse umfasste Leistungen (IGeL) geschlossen wurde, Lipp in Laufs/Katzenmeier/Lipp, Arztrecht, S. 82 Rn 50.
[372] BGH, Urt. v. 11.05.2006, IX ZR 247/03, BGHZ 167, 364, 366 – unter II.1.b) mit Hinweis auf BSGE 66, 284, 285 f.
[373] Lipp in Laufs/Katzenmeier/Lipp, Arztrecht, S. 82 Rn 49.
[374] Die Erfüllung hat befreiende Wirkung auch gegenüber den Ärzten; Scholz in Becker/Kingreen, SGB V, § 85 Rn 2. Das Verfahren der Aushandlung und Verteilung des vertragsärztlichen Honorars in der Gesetzlichen Krankenversicherung – unter besonderer Berücksichtigung der Machtbeziehungen in den Honorarverhandlungen – beschreibt eingehend Gerlinger, Honorar, S. 50-68.
[375] BSG, Urt. v. 09.12.2004, B 6 KA 44/03 R, BSGE 94, 51, 93.
[376] Zu GKV-Vergütung und Regelleistungsvolumina im MVZ vgl. Ausführungen von von Leoprechting/Gabriel in Wigge/von Leoprechting, Handbuch MVZ, S. 85-90.

Nach einer Entscheidung des Bundesgerichtshofs vom 5. Dezember 1985 kann der Kassenarzt die Ansprüche gegen seine Kassenärztliche Vereinigung wirksam abtreten.[377] Auch die Abtretung künftiger Ansprüche gegen die Kassenärztliche Vereinigung ist gemäß § 138 BGB keinesfalls nichtig, weil diese Ansprüche auf rechtlichen Regelungen beruhen, die sich grundlegend von denen des Honoraranspruchs gegen Privatpatienten unterscheiden.[378] Die Zession kann auch formularmäßig erfolgen.[379] Datenschutzrechtliche, berufs- oder strafrechtliche Bedenken im Hinblick auf ärztliche Verschwiegenheitsverpflichtungen bestehen vorliegend nicht, weil das Abtretungsverbot nicht für Vergütungsforderungen gilt, die sich gegen die Kassenärztliche Vereinigung richten.[380]

Die vertragsärztlichen Vergütungsansprüche sind auch pfändbar.[381] Die Pfändbarkeit und damit die Abtretbarkeit (§ 400 BGB) werden insbesondere nicht durch § 850 a Nr. 3 ZPO eingeschränkt. Unpfändbar sind nach dieser Vorschrift u. a. die Aufwandsentschädigungen, soweit diese Bezüge den Rahmen des Üblichen nicht übersteigen. Die Ansprüche des (Zahn-)Arztes gegen seine K(Z)V werden vom Wortlaut und dem sich anschließenden Sinn des § 850 a Nr. 3 ZPO nicht erfasst.[382]

3. Zur Anwendung des § 114 InsO auf vertragsärztliche Vergütungsansprüche des MVZ

Bedenken gegen eine wirksame (Voraus-)Abtretbarkeit[383] vertragsärztlicher Entgeltansprüche wurden früher im Hinblick auf §§ 91, 114 InsO geäußert. Nach § 114 InsO sind die vom Schuldner vor Eröffnung des Insolvenzverfahrens vorgenommenen Verfügungen, die seine Bezüge aus einem Dienstverhältnis betreffen, für die Dauer von zwei Jahren nach Eröffnung des Insolvenzverfahrens wirksam. Unter Verfügung ist insbesondere die Abtretung zu verstehen. Die Frage, ob es sich bei den Vergütungsansprüchen des vertragsärztlich zugelassenen Versorgungszentrums um Bezüge aus einem

---

[377] BGH, Urt. v. 05.12.1985, IX ZR 9/85, BGHZ 96, 324 = NJW 1986, 2362.
[378] BGH a.a.O.
[379] BGH, Urt. v. 30.05.1995, XI ZR 78/94, BB 1556.
[380] LÖWISCH/CASPERS, FS Fischer, S. 347, 348.
[381] BGH, Urt. v. 05.12.1985, IX ZR 9/85, BGHZ 96, 324 = NJW 1986, 2362.
[382] BGH, a.a.O. – unter I.1.c.aa).
[383] Grundlegend zur Vorausabtretung etwa DOBMEIER, NZI 2006, 144; FLÖTHER/BRÄUER, NZI 2006, 136.

Dienstverhältnis oder an deren Stelle tretende laufende Bezüge i.S.v. § 114 I InsO handelt,[384] muss hier nicht vertieft werden.[385]

Zwar hat noch UHLENBRUCK in einem Gutachten für eine Berliner Anwaltskanzlei die Frage der Anwendbarkeit des § 114 InsO auf sicherungshalber abgetretene Ansprüche eines Vertragsarztes gegen die zuständige Kassenärztliche Vereinigung bejaht.[386] Auch nach dem OLG Düsseldorf[387] ist der Begriff der Bezüge aus einem Dienstverhältnis in § 114 I InsO weit und in Anlehnung an die §§ 850 ff. ZPO auszulegen.[388] Der Bundesgerichtshof[389] hob die Entscheidung des OLG Düsseldorf auf[390] und führte zur Begründung aus, dass es sich bei den Vergütungsansprüchen des Vertrags(zahn)arztes gegen seine Kassen(zahn)ärztliche Vereinigung gerade nicht um einen „Arztlohn" handele.[391] Auf die umstrittene Frage, ob Vergütungsansprüche aus selbständiger Tätigkeit von § 114 I InsO erfasst werden,[392] kommt es nach dem BGH nicht entscheidend an. Maßgeblich sei vielmehr, ob die Privilegierung, die mit § 114 I InsO einhergeht, auf die Vergütungsansprüche vertragsärztlicher Tätigkeit übertragen werden kann, wenn man sich vergegenwärtigt, dass die Zahlungsansprüche nicht allein auf die Verwertung der Arbeitskraft des Arztes zurückzuführen ist, sondern auf den Betrieb der Praxis insgesamt.[393]

---

[384] Nach dem BGH behindere die Freiberuflichkeit der vertragsärztlichen Tätigkeit nicht die Einordnung seiner Vergütungsansprüche gegen die Kassenärztliche Vereinigung als Arbeitseinkommen i.S.v. § 850 II ZPO, BGH, Urt. v. 05.12.1985, IX ZR 9/85, BGHZ 96, 324, 327 = NJW 1986, 2362, 2363. § 850 ZPO stellt nicht auf das Vorliegen eines Arbeitsverhältnisse ab, BGH, Urt. v. 08.12.1977, II ZR 219/75, NJW 1978, 756. Vielmehr beschränkt diese Norm die Pfändbarkeit von „Arbeitseinkommen", worunter auch wiederkehrende Bezüge aus selbständiger Arbeit fallen, BAUMBACH, ZPO, § 850 Rn 3.
[385] Es erscheint bereits fraglich, dass die MVZ-Gesellschaft dem persönlichen Anwendungsbereich der Norm unterfällt.
[386] UHLENBRUCK, ZVI 2002, 49-53.
[387] Urt. v. 31.10.2003, I - 4 U 110/03, ZInsO 2003, 1149. Zustimmend HARLFINGER, Freiberufler, S. 95.
[388] Die Anwendungsbereiche von § 114 I InsO und § 850 II ZPO stimmen – nach nahezu einhelliger Ansicht, so BGH, Urt. v. 11.06.2006, IX ZR 247/03, BGHZ 167, 363, 369 – unter II. 1. b) aa) m.w.N. – überein. Vgl. hierzu auch LÖWISCH/CASPERS, FS Fischer, S. 347, 350 – unter III.
[389] BGH, Urt. v. 11.06.2006, IX ZR 247/03, BGHZ 167, 363 = NJW 2006, 2485 = NZI 2006, 457.
[390] Der BGH hat die Sache zur neuen Verhandlung und Entscheidung an das OLG Düsseldorf zurückverwiesen. Das OLG Düsseldorf entschied mit Urt. v. 27.02.2007, I-4 U 110/03, ZVI 2007, 429. Leitsatz der Redaktion: „Hat der Schuldner Forderungen auf Vergütung gegen die kassenärztliche Vereinigung abgetreten oder verpfändet, so ist eine solche Verfügung unwirksam, soweit sie sich auf Ansprüche bezieht, die auf nach Eröffnung des Insolvenzverfahrens erbrachten ärztlichen Leistungen beruhen." Rechtliche Würdigung des gesamten Streitstoffs – auch unter dem Gesichtspunkt der Insolvenzanfechtung – bei RIES, ZVI 2007, 398.
[391] BGH, Urt. v. 11.06.2006, IX ZR 247/03, BGHZ 167, 363, 366 – unter II. 1. b).
[392] Nach umfassender Analyse von SCHILDT ist die Vorschrift des § 114 InsO auf die Forderungen Selbständiger weder direkt noch analog anzuwenden, SCHILDT, Insolvenz des Freiberuflers, S. 114.
[393] BGH, a.a.O., S. 370 – unter II. 2. b) cc).

4. Ergebnis

Nach gesicherter Rechtsprechung und vorherrschendem Einvernehmen in der insolvenzrechtlichen Literatur zählen sowohl die privatrechtlichen Honorarforderungen als auch die sozialversicherungsrechtlichen Vergütungsansprüche des Vertragsarztes zur Insolvenzmasse und werden mit Insolvenzeröffnung vom Insolvenzbeschlag erfasst. Das Ergebnis dieser Überlegungen ist uneingeschränkt auch auf das MVZ zu übertragen.

G. Ausblick: Auswirkungen auf die MVZ-Insolvenz durch das ESUG

Die Insolvenzordnung wird durch das (geplante) Gesetz zur weiteren Erleichterung der Sanierung (ESUG) demnächst geändert. Abschließend soll anhand ausgewählter Punkte ein kurzer Ausblick gegeben werden, welche Auswirkungen dies auf eine MVZ-Insolvenz haben kann.

1. Eigenverwaltung

Mit dem Gesetz zur weiteren Erleichterung der Sanierung soll die Eigenverwaltung für den Schuldner attraktiver gestaltet werden. Verbindet etwa ein Schuldner seinen Insolvenzantrag mit dem Antrag auf Eigenverwaltung und ist dieser nicht offensichtlich ohne Aussicht auf Erfolg, schreibt § 270a I InsO-E den Verzicht auf die Bestellung eines vorläufigen Insolvenzverwalters vor. Hierdurch soll verhindert werden, dass das Vertrauen der Geschäftspartner in die Geschäftsleitung des Schuldners zerstört wird, die mit der Bestellung eines „starken" vorläufigen Verwalters und dem Entzug der Verfügungsmacht sonst zu befürchten wäre. Wenn ein Schuldner schon bei drohender Zahlungsunfähigkeit die Eröffnung eines Insolvenzverfahrens beantragt und er dies verbindet mit dem Antrag auf Eigenverwaltung, hat das Gericht dem Schuldner unter Angabe von Gründen mitzuteilen, wenn es die Eigenverwaltung ablehnen will.[394]

---

[394] Gesetzentwurf der Bundesregierung – Gesetz zur weiteren Erleichterung der Sanierung von Unternehmen, S. 60; download unter http://www.bmj.de/SharedDocs/Downloads/DE/pdfs/RegE_ESUG_23022011.pdf?__blob=publicationFile; zuletzt besucht am 30.06.2011, 19:00 Uhr.

Wie festgestellt, scheint die Eigenverwaltung für das insolvente MVZ besonders geeignet. Die mit dem ESUG vorgesehene Vereinfachung des Zugangs zur Eigenverwaltung ist daher zu begrüßen.

II. Einfluss der Gläubiger auf die Auswahl des Insolvenzverwalters

Die Auswahl des geeigneten Insolvenzverwalters ist entscheidend für den (erfolgreichen) Ablauf des Verfahrens. Wie festgestellt, sind an den Insolvenzverwalter, der ein Medizinisches Versorgungszentrum sanieren möchte, hohe Anforderungen zu stellen. Mit dem ESUG soll die Verwalterauswahl vom Gericht auf die wesentlichen Gläubiger verlagert werden. Ob diese die Eignung des infrage kommenden Verwalters besser – als das Insolvenzgericht – beurteilen können, bleibt abzuwarten.

III. Schutzschirmverfahren

Das ESUG sieht mit dem sog. „Schutzschirmverfahren" gemäß § 270b InsO-E eine Neuerung vor. Stellt ein Schuldner bei drohender (also nicht bei eingetretener) Zahlungsunfähigkeit oder Überschuldung einen Insolvenzantrag und ist eine Sanierung nicht offensichtlich aussichtslos, so hat das Gericht einen vom Schuldner vorgeschlagenen vorläufigen Sachwalter zu bestellen. Maßnahmen der Zwangsvollstreckung sind zu untersagen oder einstweilen einzustellen. Dem Schuldner wird somit die Möglichkeit eingeräumt, unter einem Schutzschirm und unter Kontrolle des Gerichts sowie eines vorläufigen Sachwalters innerhalb einer Frist von längstens drei Monaten unbehelligt einen Insolvenzplan auszuarbeiten.[395]

Mit Hinweis auf die obigen Ausführungen zur Eigenverwaltung und zum Insolvenzplanverfahren ist diese geplante Änderung der Insolvenzordnung für das MVZ-Insolvenzverfahren zu begrüßen.

---

[395] Gesetzentwurf der Bundesregierung – Gesetz zur weiteren Erleichterung der Sanierung von Unternehmen, S. 62.

IV. Debt-Equity-Swap

Unter Debt-Equity-Swap wird die Umwandlung von Fremdkapital in Eigenkapital verstanden: Gläubiger des schuldnerischen Unternehmens werden also dessen Anteilseigner. § 254 IV InsO-E sieht hierfür Erleichterungen vor, indem die gesellschaftsrechtliche Differenzhaftung ausgeschlossen wird.

Für das insolvente MVZ wird dies keine Auswirkungen haben, da ein Debt-Equity-Swap für das MVZ kaum in Frage kommen wird. Lediglich diejenigen Gläubiger des insolventen MVZ, welche selbst die Gründungsvoraussetzungen nach § 95 I 6 SGB V erfüllen, könnten ihre Forderungen gegen Beteiligungen umwandeln. Denn anderenfalls würde dem MVZ die Zulassung entzogen werden, § 95 VI 1 SGB V. Nach dem geplanten Versorgungsgesetz trifft dies künftig ohnehin nur noch auf Vertragsärzte und Krankenhäuser mit Ausnahmeregelung zu.

Dritter Teil

Zusammenfassende Thesen

A. Ausgangspunkt für die Entstehung Medizinischer Versorgungszentren ist das Sachleistungsprinzip. Danach hat der Versicherte einen Anspruch auf Krankenbehandlung in natura, den die Krankenversicherungsträger u. a. durch MVZ erfüllen.

Unter Medizinische Versorgungszentren sind fachübergreifende ärztlich geleitete Einrichtungen zu verstehen, in denen Ärzte, die in das Arztregister eingetragen sind, als Angestellte oder Vertragsärzte tätig sind.

B. MVZ-Krisenauslöser können originäre neben Managementfehler vor allem unrentable Praxisübernahmen sein. In Frage kommen ferner eine Vernachlässigung der vertragsärztlichen Fortbildungspflicht, Regressforderungen, Änderungen im Vertragsarztrecht sowie arzttypische Ursachen.

C. Der Träger eines Medizinischen Versorgungszentrums ist insolvenzfähig. Insolvenzgründe sind (drohende) Zahlungsunfähigkeit und Überschuldung. Für das MVZ kommt regelmäßig das Regelverfahren in Betracht.

Besonders geeignet für die MVZ-Insolvenz scheinen die Eigenverwaltung und das Insolvenzplanverfahren. Die Qualifikation und Erfahrung des Verwalters ist ausschlaggebend, wenn eine Sanierung des angeschlagenen Versorgungszentrums in Betracht kommt.

D. Die Eröffnung des Insolvenzverfahrens über das Vermögen eines Medizinischen Versorgungszentrums führt weder zum Zulassungsentzug noch zur -beendigung. Die Kassenzulassung des Angestellten-MVZ ist Bestandteil der Masse. Der Verwalter wird Verfügungsberechtigter und ist zur Ausschreibung des Kassensitzes und damit zur Veräußerung der MVZ-Einrichtung berechtigt. Beim Vertragsarzt-MVZ sprechen faktische Gründe dagegen, dass der Verwalter den Sitz ausschreiben kann.

E. Das Medizinische Versorgungszentrum fällt als Ganzes in die Verfügungsgewalt des Insolvenzverwalters. Einzelne Vermögensgegenstände fallen gleichermaßen in die Insolvenzmasse. Der Pfändungsschutz nach § 811 I Nrn. 5, 7 ZPO ist im Insolvenzverfahren nur eingeschränkt anzuwenden.

F. Gegen die Massezugehörigkeit privatärztlicher Honorarforderungen bestehen Bedenken. Rechtsprechung und Literatur bejahen überwiegend die Pfändbarkeit und damit die Massezugehörigkeit sowohl privatärztlicher als auch sozialversicherungsrechtlicher Honoraransprüche.

G. Das ESUG stärkt Eigenverwaltung und Insolvenzplanverfahren und führt ein Schutzschirmverfahren ein. Dies kann sich vorteilhaft für die MVZ-Insolvenz auswirken.

Literaturverzeichnis

Abel, Malte
Pfändungsschutz nach § 851 ZPO – Speziell die Pfändung zweckgebundener Forderungen, Dissertation, Frankfurt am Main u. a. 2005 (zitiert: ABEL, Pfändungsschutz)

Albach, Horst
Geburt und Tod von Unternehmen. Phasensprünge und Stetigkeit in der natürlichen und kulturellen Welt. Wissenschaftskonferenz in Berlin 8.-10.10.1987. In: Hierholzer/Wittmann, Phasensprünge und Stetigkeit in der natürlichen und kulturellen Welt, Stuttgart, S.39-63. (zitiert: ALBACH, Geburt und Tod von Unternehmen)

Andres, Dirk / Leithaus, Rolf / Dahl, Michael
Insolvenzordnung (InsO) – Kommentar, 1. Auflage, München 2006 (zitiert: Andres/Leithaus InsO § ... Rn ...)

Bange, Hubertus
Die Veräußerung einer Arztpraxis im Rahmen eines (Liquidations-) Insolvenzplanverfahrens, ZInsO 2006, 362-366.

Bauckmann, Marcus
Medizinische Versorgungszentren im Spannungsfeld von Gesellschaftsrecht, ärztlichem Berufsrecht und Verfassungsrecht, Dissertation, Hamburg 2011 (zitiert: BAUCKMANN, MVZ)

Baumbach, Adolf (Begr.)
Zivilprozessordnung - Kommentar, 69. Auflage, München 2011 (zitiert: BAUMBACH, ZPO, § ... Rn ...)

Baur, Fritz / Stürner, Rolf / Bruns, Alexander
Zwangsvollstreckungsrecht, 13. Auflage, Heidelberg (zitiert: BAUR/STÜRNER/BRUNS, Zwangsvollstreckungsrecht, Rn ...)

Bayer, Frank L.

Insolvenzrechnungslegung – Eine Untersuchung zur handelsrechtlichen Rechnungslegung bei Insolvenz des Unternehmens, Dissertation, Berlin 2000 (zitiert: BAYER, Insolvenzrechnungslegung)

Beck, Siegfried / Depré, Peter (Hrsg.)

Praxis der Insolvenz, 2. Auflage, München 2010, (zitiert: BEARBEITER in Beck/Depré, Praxis der Insolvenz, § ... Rn ...)

Becker, Christoph

Insolvenzrecht, 2. Auflage, Köln 2008 (zitiert: BECKER, Insolvenzrecht, § ... Rn ...)

Becker, Ulrich / Kingreen, Thorsten (Hrsg.)

SGB V – Gesetzliche Krankenversicherung – Kommentar, 2. Auflage, München 2010 (zitiert: BEARBEITER in Becker/Kingreen, SGB V, § ... Rn ...)

Berger, Christian

Die Abtretung ärztlicher Honorarforderungen, NJW 1995, 1584-1589

Bertram, Klaus / Brinkmann, Ralph / Kessler, Harald / Müller, Stefan (Hrsg.)

Haufe HGB Kommentar (zitiert: BEARBEITER in Haufe HGB Kommentar § ... Rn ...)

Bitz, Michael / Schneeloch, Dieter / Wittstock, Wilfred

Der Jahresabschluss – Nationale und internationale Rechtsvorschriften, Analyse und Politik, 5. Auflage, München 2011 (zitiert: BITZ/SCHNEELOCH/WITTSTOCK, Der Jahresabschluss)

Braun, Eberhard (Hrsg.)

Insolvenzordnung (InsO) – Kommentar, 4. Auflage, München 2010 (zitiert: Braun/BEARBEITER InsO § ... Rn ...)

Brötel, Achim

Reden ist Silber, Schweigen ist Gold? Zur Behandlung ärztlicher Honoraransprüche bei Abgabe der eidesstattlichen Versicherung, NJW 1998, 3387-3390

Budde, Wolfgang Dieter / Förschle, Gerhart / Winkeljohann, Norbert

Sonderbilanzen – Von der Gründungsbilanz bis zur Liquidationsbilanz, 4. Auflage, München 2008 (zitiert: BEARBEITER in Budde et al., Sonderbilanzen)

Cansun, Deniz

Zivil- und berufsrechtliche Kooperationsmöglichkeiten von Vertragsärzten, Dissertation, Aachen 2009 (zitiert: CANSUN, Kooperationen von Vertragsärzten)

Deutsch, Erwin / Spickhoff, Andreas

Medizinrecht, 6. Auflage, Berlin Heidelberg 2008 (zitiert: DEUTSCH/SPICKHOFF, Medizinrecht)

Diepold, Hugo

Hat § 49 b BRAO Auswirkungen auf die Pfändbarkeit von Vergütungsforderungen von Rechtsanwälten?, MDR 1995, 23

Dobmeier, Rudolf

Die Behandlung der Vorausabtretungen von Mietzinsen und pfändbaren Arbeitsentgeltansprüchen in der Insolvenz des Zedenten, NZI 2006, 144-149

Ehlers, Alexander P. F. (Hrsg.)

Fortführung von Arztpraxen, München 2009 (zitiert: BEARBEITER in Ehlers, Arztpraxen)

Engberding, Antonius

Unternehmenskrisen, Sanierung und Industriepolitik – Einzelwirtschaftliche und strukturpolitische Handlungsspielräume bei Wandel von Unternehmen in der Krise, Dissertation, Berlin 1998 (zitiert: ENGBERDING, Unternehmenskrisen)

Engler, Hartmut

Hinauskündigung und Zulassungsverzicht bei der vertragsarzt-GbR im Licht des VÄndG – zugleich eine Anmerkung zu dem Urteil des BGH v. 7.5.2007 – II ZR 281/05 –, MedR 2007, 595 –, MedR 2010, 477-481

Franke, Robert

Richtlinien, Normsetzungsverträge und neue Behandlungsmethoden im Rechtskonkretisierungskonzept des Bundessozialgerichts, SGb 1995, S. 5-10

Ganter, Gerhard / Gottwald, Peter / Lwowski, Hans-Jürgen (Hrsg.)

Haftung und Insolvenz – Festschrift für Gero Fischer zum 65. Geburtstag, München 2008 (zitiert: FS Fischer)

Gerhardt, Walter / Diederichsen, Uwe / Rimmelspacher, Bruno / Costede, Jürgen (Hrsg.)

Festschrift für Wolfram Henckel zum 70. Geburtstag am 21. April 1995, Berlin u. a. 1995 (zitiert: FS Henckel)

Gerlinger, Thomas

Wettbewerbsordnung und Honorarpolitik – Die Neugestaltung der kassenärztlichen Vergütung zwischen Gesundheitsstrukturgesetz und „dritter Stufe" der Gesundheitsreform, Dissertation, Frankfurt am Main 1997 (zitiert: GERLINGER, Honorar)

Gottwald, Peter (Hrsg.)

Insolvenzrechts-Handbuch, 4. Auflage, München 2010 (zitiert: BEARBEITER, Insolvenzrechts-Handbuch § ... Rn ...)

Grenz, Thorsten

Dimensionen und Typen der Unternehmenskrise – Analysemöglichkeiten auf der Grundlage von Jahresabschlussinformationen, Dissertation, Frankfurt am Main u. a., 1987 (zitiert: GRENZ, Dimensionen und Typen der Unternehmenskrise)

Gummert, Hans / Meier, Mareike
Nullbeteiligungsgesellschaften, MedR 2007, 1-10

Haarmeyer, Hans / Wutzke, Wolfgang / Förster, Karsten
Handbuch der vorläufigen Insolvenzverwaltung, 1. Auflage, München 2011 (zitiert: HAARMEYER/WUTZKE/FÖRSTER, Handbuch vorl. Verwaltung § ... Rn ...)

Harlfinger, Wolf
Der Freiberufler in der Insolvenz, Dissertation, Frankfurt am Main et al. (zitiert: HARLFINGER, Freiberufler)

Heni, Bernhard
Interne Rechnungslegung im Insolvenzverfahren, Düsseldorf 2006, (zitiert: HENI, Rechnungslegung)

Hess, Harald
Insolvenzrecht – Großkommentar in drei Bänden, Band I Kommentar §§ 1 – 112 InsO, Heidelberg 2007 (zitiert: HESS, InsO, § ... Rn ...)

Hess, Harald (Hrsg.)
Sanierungshandbuch, 4. Auflage, Köln 2009 (zitiert: HESS, Sanierungshandbuch, Kap. ... Rn ...)

Hess, Harald / Röpke, Andreas
Die Insolvenz der kammerabhängigen freien Berufsangehörigen, NZI 2003, 233-238

Hess, Harald / Weis, Michaela
Insolvenzrecht, 3. Auflage, Heidelberg 2005 (zitiert: HESS/WEIS, Insolvenzrecht)

Hierholzer, Klaus / Wittmann, Heinz-Günter
Phasensprünge und Stetigkeit in der natürlichen und kulturellen Welt. Wissenschaftskonferenz in Berlin 8.-10. Oktober 1987, Stuttgart 1988 (zitiert: HIERHOLZER/WITTMANN, Phasensprünge und Stetigkeit)

Hintzen, Udo
Forderungspfändung, 3. Auflage, Münster 2008 (zitiert: HINTZEN, Forderungspfändung, Rn ...)

Hommel, Ulrich / Knecht, Thomas C. / Wohlenberg, Holger (Hrsg.)
Handbuch Unternehmensrestrukturierung, Wiesbaden 2006 (zitiert: BEARBEITER in Hommel et al., Unternehmensrestrukturierung)

Ising, Petra
Pfändungsschutz für Arbeitsmittel und Vergütungsforderungen bei selbständiger Erwerbstätigkeit nach § 811 Abs. 1 Nrn. 5, 7 ZPO und § 850i Abs. 1 ZPO, Dissertation, Bielefeld 2007 (zitiert: ISING, Vollstreckungsschutz)

Jaeger, Ernst (Begr.)
Insolvenzordnung – Großkommentar, Erster Band §§ 1 – 55, Berlin 2004 (zitiert: BEARBEITER in Jaeger, InsO, § ... Rn ...)

Joerden, Jan C.
Logik im Recht, Berlin 2005 (zitiert: JOERDEN, Logik)

Kamm, Janine / Köchling, Marcel
Zur Abgrenzung von Zahlungsstockung und Zahlungsunfähigkeit – Zugleich Besprechung von BGH, Urt. v. 24. 5. 2005 – IX ZR 123/04, ZInsO 2005, 807; ZInsO 2006, 732-736

Kindl, Johann / Meller-Hannich, Caroline / Wolf, Hans-Joachim (Hrsg.)
Gesamtes Recht der Zwangsvollstreckung, Handkommentar, 1. Auflage, Baden-Baden 2010 (zitiert: Hk-ZV/BEARBEITER, § ... Rn ...)

Kirchhof, Hans-Peter / Lwowski, Hans-Jürgen / Stürmer, Rolf
Münchner Kommentar zur Insolvenzordnung, Band 1 – §§ 1-102 InsO, 2. Auflage, München 2007 (zitiert: MünchKommInsO-BEARBEITER § ... Rn ...)

Kluth, Thomas

Die freiberufliche Praxis „als solche" in der Insolvenz – „viel Lärm um nichts"?; NJW 2002, 186-188

Konerding, Susanne

Der Vertragsarztsitz im Medizinischen Versorgungszentrum, Dissertation, Regensburg 2008 (zitiert: KONERDING, Vertragsarztsitz im MVZ)

Körner-Dammann, Marita

Weitergabe von Patientendaten an vertragsärztliche Verrechnungsstellen (Anmerkung zu BGH NJW 1991, 2955; OLG Oldenburg NJW 1992, 758), NJW 1992, 729

Kreft, Gerhart (Hrsg.)

Heidelberger Kommentar zur Insolvenzordnung, 5. Auflage, Heidelberg 2008 (zitiert: BEARBEITER in HK-InsO § ... Rn ...)

Krystek, Ulrich

Unternehmenskrisen – Beschreibung, Vermeidung, und Bewältigung überlebenskritischer Prozesse in Unternehmen, Wiesbaden, 1987 (zitiert: KRYSTEK, Unternehmenskrisen)

Krystek, Ulrich / Moldenhauer, Ralf

Handbruch Krisen- und Restrukturierungsmanagement, Stuttgart 2007 (zitiert: KRYSTEK/MOLDENHAUER, Krisenmanagement)

Kruse, Jürgen / Hänlein, Andreas (Hrsg.)

Sozialgesetzbuch V – Gesetzliche Krankenversicherung – Lehr- und Praxiskommentar, 3. Auflage, Baden-Baden 2009 (zitiert: BEARBEITER in LPK-SGB V, § ... Rn ...)

Kübler, Bruno M. / Prütting, Hanns / Bork, Reinhard

InsO – Kommentar zur Insolvenzordnung, Lose-Blattsammlung, Band 1, Köln 2010 (zitiert: KPG/BEARBEITER § ... Rn ...)

Lange, Barbara
Die Auswirkungen untergesetzlicher Normsetzung auf das Vertragsarztrecht, Berlin 2005 (zitiert: Lange, Untergesetzliche Normsetzung)

Laufs, Adolf / Katzenmeier, Christian / Lipp, Volker
Arztrecht, 6. Auflage, München 2009 (zitiert: BEARBEITER in Laufs/Katzenmeier/Lipp, Arztrecht)

Laufs, Adolf / Kern, Bernd-Rüdiger (Hrsg.)
Handbuch des Arztrechts, 4. Auflage, München 2010 (zitiert: BEARBEITER in Laufs/Kern, Arztrecht, § ... Rn ...)

Leonhardt, Peter / Smid, Stefan / Zeuner, Mark (Hrsg.)
Insolvenzordnung (InsO) – Kommentar, 3. Auflage, Stuttgart 2010 (zitiert: BEARBEITER in LSZ, InsO, § ... Rn ...)

Lindenau, Lars
Das Medizinische Versorgungszentrum – Rechtliche Grundlagen und Ausblick in die GKV, Dissertation, Heidelberg u. a. 2008 (zitiert: LINDENAU, MVZ)

Löwisch, Manfred / Caspers, Georg
Das Schicksal im Voraus abgetretener Entgeltansprüche Selbständiger in der Insolvenz, in Festschrift Gero Fischer zum 65. Geburtstag, S. 347-351 (zitiert: LÖWISCH/CASPERS in FS Fischer)

Mai, Vera
Die Insolvenz des Freiberuflers – Lösungsansätze zu ausgewählten Problemkreisen, Dissertation, Frankfurt am Main et al. 2009 (zitiert: MAI, Insolvenz des Freiberuflers)

Maier, Daniel
Die Insolvenz des Rechtsanwalts – Zugleich ein Beitrag zur Insolvenz des Selbständigen, Dissertation, Baden-Baden 2008 (zitiert: MAIER, Insolvenz des Rechtsanwalts)

Martis, Rüdiger / Winkhart-Martis, Martina

Arzthaftungsrecht – Fallgruppenkommentar, 3. Auflage, Köln 2010 (zitiert: MARTIS/WINKHART-MARTIS, Arzthaftungsrecht, Rn ...)

Mohrbutter, Harro / Ringstmeier, Andreas (Hrsg.)

Handbuch der Insolvenzverwaltung, 8. Auflage, Köln u. a. 2007 (zitiert: BEARBEITER in Mohrbutter/Ringstmeier, Insolvenzverwaltung, § ... Rn ...)

Musielak, Hans-Joachim (Hrsg.)

Zivilprozessordnung (ZPO). Mit Gerichtsverfassungsgesetz, 5. Auflage, 2007 (zitiert: Musielak/BEARBEITER, § ... Rn ...)

Müller, Rainer

Krisenmanagement in der Unternehmung, Dissertation, 2. Auflage, Frankfurt am Main u. a., 1986 (zitiert: MÜLLER, Krisenmanagement)

Neumann, Volker

Anspruch auf Krankenbehandlung nach Maßgabe der Richtlinien des Bundesausschusses?, NZS 2001, 515 ff.

Peemöller, Volker H. (Hrsg.)

Praxishandbuch der Unternehmensbewertung, 4. Auflage, Herne 2004 (zitiert: BEARBEITER in Peemöller, Unternehmensbewertung)

Prütting, Hanns / Wegen, Gerhard / Weinreich, Gerd

BGB Kommentar, 4. Auflage, Köln 2009 (zitiert: BEARBEITER in PWW/BGB)

Quaas, Michael / Zuck, Rüdiger

Medizinrecht, München 2005 (zitiert: QUAAS/ZUCK, Medizinrecht, § ... Rn ...)

Ratzel, Rudolf / Lippert, Hans-Dieter

Kommentar zur Musterberufsordnung der deutschen Ärzte (MBO), 5. Auflage, Heidelberg u. a. 2010 (zitiert: BEARBEITER in Ratzel/Lippert, MBO, § ... Rn ...)

Rauscher, Thomas / Wax, Peter / Wenzel, Joachim (Hrsg.)

Münchner Kommentar zur Zivilprozessordnung mit Gerichtsverfassungsgesetz und Nebengesetzen, Band 2 (§§ 511-945), 3. Auflage, München 2007 (zitiert: MünchKommZPO/BEARBEITER § ... Rn ...)

Ratzel, Rudolf / Luxemburger, Bernd (Hrsg.)

Handbuch Medizinrecht, 2. Auflage, Bonn 2011 (zitiert: Ratzel/Luxemburger/BEARBEITER, Handbuch Medizinrecht, § ... Rn ...)

Riedel, Hermann

Abtretung und Verpfändung von Forderungen und anderen Rechten, Stuttgart 1982 (zitiert: RIEDEL, Abtretung und Verpfändung von Forderungen)

Ries, Stephan

Anfechtbarkeit von Befriedigungen der Bank aus abgetretenem Vertragsarzthonorar – Zugleich Besprechung von OLG Düsseldorf, Urt. v. 27.2.2007, I-4 U 110/03, ZVI 2007, 429; ZVI 2007, 398-401

Ring, Gerhard

Honorarzession und Verschwiegenheitspflicht – Zur umfassenden Informationspflicht nach § 402 BGB, BB 1994, 373-375

Runkel, Hans-P.

Der Freiberufler in der Insolvenz, ZVI 2007, 45-54

Sachs, Michael (Hrsg.)

Grundgesetz – Kommentar, 4. Auflage, München 2007 (zitiert: BEARBEITER in Sachs, Grundgesetz, Art. ... Rn ...)

Säcker, Franz Jürgen / Rixecker, Roland (Hrsg.)

Münchner Kommentar zum Bürgerlichen Gesetzbuch, Band 1 – Allgemeiner Teil 1. Halbband: §§ 1-240, 5. Auflage, München 2006 (zitiert: MünchKommBGB/BEARBEITER § ... Rn ...)

Schallen, Rolf

Zulassungsverordnung für Vertragsärzte, Vertragszahnärzte, Medizinische Versorgungszentren, Psychotherapeuten – Kommentar, 7. Auflage, Heidelberg u. a. 2009 (zitiert: SCHALLEN, Zulassungsverordnung, § ... Rn ...)

Scherer, Gerhard / Heni, Bernhard

Liquidations-Rechnungslegung, 3. Auflage, Düsseldorf 2009 (zitiert: SCHERER/HENI, Liquidations-Rechnungslegung)

Schick, Walter

Der Konkurs des Freiberuflers – Berufsrechtliche, konkursrechtliche und steuerrechtliche Aspekte, NJW 1990, 2359-2363

Schildt, Charlotte

Die Insolvenz des Freiberuflers, Dissertation, Baden-Baden 2006 (zitiert: SCHILDT, Insolvenz des Freiberuflers)

Schmidt, Karsten

Gesellschaftsrecht, 4. Auflage, Köln u. a. 2002 (zitiert: SCHMIDT, Gesellschaftsrecht)

Schmidt, Karsten / Uhlenbruck, Wilhelm (Hrsg.)

Die GmbH in Krise, Sanierung und Insolvenz, 4. Auflage, Köln 2009, (zitiert: BEARBEITER in Schmidt/Uhlenbruck, GmbH in Krise, Rn)

Schnapp, Friedrich E. / Wigge, Peter

Handbuch des Vertragsarztrechts, 2. Auflage, München 2006 (zitiert: BEARBEITER in Schnapp/Wigge, Vertragsarztrecht, § ... Rn ...)

Schulenburg, Nils

Entstehung von Unternehmenskrisen – Eine evolutionstheoretische Erklärung, Dissertation, Wiesbaden 2008 (zitiert: SCHULENBURG, Entstehung von Unternehmenskrisen)

Schulin, Bertram (Hrsg.)

Handbuch des Sozialversicherungsrechts, Band 1 Krankenversicherungsrecht, München 1994 (zitiert: SCHULIN, Krankenversicherungsrecht)

Seidler, Nina-Alexandra

Selbständige in der Insolvenz – Der Insolvenzbeschlag von Arbeitsmitteln | Die Anwendung des § 811 Abs. 1 Nr. 5 und Nr. 7 ZPO im Insolvenzverfahren, Dissertation, Hamburg 2008 (zitiert: SEIDLER, Selbständige in der Insolvenz)

Simitis, Spiros (Hrsg.)

Bundesdatenschutzgesetz, Kommentar, 6. Auflage, Frankfurt am Main 2006 (zitiert: BEARBEITER/Simitis, BDSG, § ... Rn ...)

Sodan, Helge (Hrsg.)

Handbuch des Krankenversicherungsrechts, München 2010 (zitiert: BEARBEITER in Sodan, Krankenversicherungsrecht, § ... Rn ...)

Staudinger, J. von

Staudingers Kommentar zum Bürgerlichen Gesetzbuch mit Einführungsgesetz und Nebengesetzen, Buch 2 – Recht der Schuldverhältnisse §§ 397-432 (Erlass, Abtretung, Schuldübernahme, Mehrheit von Gläubigern), Berlin, Neubearbeitung 2005 (zitiert: Staudinger/BEARBEITER, § ... Rn ...)

Stein/Jonas (Begr.)

Kommentar zur Zivilprozessordnung, Band 8 (§§ 828-915h), 22. Auflage, Tübingen 2004 (zitiert: Stein/Jonas/BEARBEITER § ... Rn ...)

Steffen, Erich / Pauge, Burkhard

Arzthaftungsrecht, 11. Auflage, Köln 2010, (zitiert: STEFFEN/PAUGE, Arzthaftungsrecht, Rn ...)

Theuner, Kirsten
Die ärztliche Schweigepflicht im Strafrecht – Eine Untersuchung der Interdependenzen zwischen materiellem und formellem Geheimnisschutzstrafrecht unter besonderer Berücksichtigung seiner Bezüge zu Standesethik und Standesrecht, Dissertation, Tönning u. a. 2009 (zitiert: THEUNER, Ärztliche Schweigepflicht)

Thiemann, Stephan / Schulz, Marc Daniel
Anmerkungen zu BGH, Urt. v. 14.05.2009 – IX ZR 63/08, DZWIR 2010, 71

Uhlenbruck, Wilhelm (Hrsg.)
Insolvenzordnung – Kommentar, 13. Auflage, München 2010 (zitiert: Uhlenbruck/BEARBEITER § ... InsO Rn ...)

Uhlenbruck, Wilhelm
Verwertung einer freiberuflichen Praxis durch den Insolvenzverwalter, in Festschrift für Wolfram Henckel zum 70. Geburtstag am 21. April 1995, S. 877 ff. (zitiert: UHLENBRUCK in FS Henckel)

Uhlenbruck, Wilhelm
Insolvenzrechtliche Probleme der vertragsärztlichen Praxis, ZVI 2002, 49-53

Vallender, Heinz
Rechtliche und tatsächliche Probleme bei der Abwicklung der Arztpraxis in der Insolvenz, NZI 2003, 530-532

Vallender, Heinz
Die Insolvenz des Notars, in Festschrift Gero Fischer zum 65. Geburtstag, S. 535-546 (zitiert: VALLENDER in FS Fischer)

van Zwoll, Christiane / Mai, Vera / Eckardt, Bernd / Rehborn, Martin
Die Arztpraxis in Krise und Insolvenz, Köln 2007 (zitiert: VAN ZWOLL ET AL., Arztpraxis)

Veit, Klaus-Rüdiger (Hrsg.)
Sonderbilanzen, Herne/Berlin 2004 (zitiert: BEARBEITER in Veit, Sonderbilanzen)

Vieweg, Klaus / Werner, Almuth
Sachenrecht, 4. Auflage, Köln 2010 (zitiert: VIEWEG/WERNER, Sachenrecht, § ..., Rn ...)

Voigt, Joachim M.E. / Gerke, Lars
Die insolvenzfreie selbständige Tätigkeit – Ein Beitrag zur Anwendung der Pfändungsverbote, des Neuerwerbs und der Erfüllung von Verträgen bei selbständigen natürlichen Personen, ZInsO 2002, 1054-1065

von der Fecht, Wolf-Rüdiger
Die Forderungspfändung im römischen Recht, Dissertation, Köln u. a. 1999 (zitiert: VON DER FECHT, Forderungspfändung)

Wenzel, Frank (Hrsg.)
Handbuch des Fachanwalts Medizinrecht, 2. Auflage, Köln 2009 (zitiert: BEARBEITER in Wenzel, Medizinrecht, Kap. ... Rn ...)

Wieczorek, Bernhard / Schütze, Rolf A.
Zivilprozessordnung und Nebengesetze – Großkommentar, Vierter Band (§§ 704-915h) 2. Teilband (§§ 808-915h), 3. Auflage, Berlin, New York 1999 (zitiert: Wieczorek/Schütze/BEARBEITER § ... Rn ...)

Wigge, Peter / von Leoprechting, Gunter (Hrsg.)
Handbuch Medizinische Versorgungszentren, Stuttgart 2011 (zitiert: BEARBEITER in Wigge/von Leoprechting, Handbuch MVZ)

Wimmer, Klaus (Hrsg.)
FK-InsO | Frankfurter Kommentar zur Insolvenzordnung, 5. Auflage, Köln 2009 (zitiert: FK-Inso/BEARBEITER § ... InsO Rn ...)

Wimmer, Klaus / Dauernheim, Jörg / Wagner, Martin / Gietl, Josef (Hrsg.)
Handbuch des Fachanwalts Insolvenzrecht, 4. Auflage, Köln 2010, (zitiert: FA-InsR/BEARBEITER Kap. ... Rn ...)

Zöller, Richard (Begr.)
Zivilprozessordnung mit FamFG (§§1-185, 200-270, 433-484) und Gerichtsverfassungsgesetz, den Einführungsgesetzen, EG-Verordnungen, Kostenanmerkungen - Kommentar, 28. Auflage, Köln 2010 (zitiert: BEARBEITER/Zöller, § ... Rn ...)

Zwingel, Bernd / Preißler, Reinhold
Ärzte-Kooperationen und Medizinische Versorgungszentren – Rechtliche Rahmenbedingungen für Gründung und Betrieb, 2. Auflage, Köln 2008 (zitiert: ZWINGEL/PREIßLER, MVZ)

Verzeichnis amtlicher Schriften

Bundestag-Drucksache 12/2443

Drucksache des Deutschen Bundestages 12/2443 vom 15.04.1992: Gesetzentwurf der Bundesregierung – Entwurf eines Insolvenzordnung

Bundestag-Drucksache 12/3608

Drucksache des Deutschen Bundestages 12/3608 vom 05.11.1992: Gesetzentwurf der Fraktion der CDU/CSU, SPD und F.D.P. – Entwurf eines Gesetzes zur Sicherung und Strukturverbesserung der gesetzlichen Krankenversicherung (Gesundheits-Strukturgesetz)

Bundestag-Drucksache 12/4993

Drucksache des Deutschen Bundestages 12/4993 vom 19.05.1993: Gesetzentwurf der Bundesregierung – Entwurf eines Gesetzes zur Neuordnung des Bundesrechts der Rechtsanwälte und der Patentanwälte

Bundestag-Drucksache 12/7302

Drucksache des Deutschen Bundestages 12/7302 vom 19.04.1994: Beschlussempfehlung und Bericht des Rechtsausschusses (6. Ausschuss) zu dem Gesetzentwurf der Bundesregierung – Drucksache 12/2443 – Entwurf einer Insolvenzordnung

Bundestag-Drucksache 13/8315

Drucksache des Deutschen Bundestages 13/8315 vom 28.07.1997: Antwort der Bundesregierung auf die kleine Anfrage der Abgeordneten Horst Schmidbauer (Nürnberg), Klaus Kirschner, Hans Büttner (Ingolstadt), weiterer Abgeordneter und der Fraktion der SPD – Drucksache 13/8102 – Sonderstellung von Ärzte-GmbHs innerhalb der Gesundheitsversorgung

Bundestag-Drucksache 14/5680

Drucksache des Deutschen Bundestages 14/5680 vom 28.03.2001: Gesetzentwurf der Bundesregierung – Entwurf eines Gesetzes zur Änderung der Insolvenzordnung und anderer Gesetze

Bundestag-Drucksache 15/1525:

Drucksache des Deutschen Bundestages 15/1525 vom 08.09.2003: Gesetzentwurf der Fraktion der SPD, CDU/CSU und BÜNDNIS 90/DIE GRÜNEN – Entwurf eines Gesetzes zur Modernisierung der gesetzlichen Krankenversicherung (GKV-Modernisierungsgesetz – GMG)

Bundestag-Drucksache 16/2474

Drucksache des Deutschen Bundestages 16/2474 vom 30.08.2006: Gesetzentwurf der Bundesregierung – Entwurf eines Gesetzes zur Änderung des Vertragsarztrechts und anderer Gesetze (Vertragsarztrechtsänderungsgesetz – VÄndG)

Bundestag-Drucksache 16/3100

Drucksache des Deutschen Bundestages 16/3100 vom 24.10.2006: Gesetzentwurf der Fraktion der CDU/CSU und SPD – Entwurf eines Gesetzes zur Stärkung des Wettbewerbs in der gesetzlichen Krankenversicherung (GKV-Wettbewerbsstärkungsgesetz – GKV-WSG)

Printed in Poland
by Amazon Fulfillment
Poland Sp. z o.o., Wrocław

45631113R00072